有緣人若是從中獲益，恭喜你！
悠遊於豐富的靈性、物質世界。
享受那非凡的自由、創意無限∞

成為
自己的老闆

從心思惟新人類

張淑珺──著

目錄

第二章 當責十個成功法則

第三章 當責十個實踐事件

成為自己的老闆
從心思惟新人類

第四章 當責十個生命奧祕

第五章　當責十個從心管理

第六章　當責十年一生幸福

成為自己的老闆
從心思惟新人類

成
為
自
己
的
老
闆

從
心
思
惟
新
人
類

人人皆是——唯我獨尊

緣起：EMBA

　　我想分享「EMBA——當責賦權之心想事成」的目的很簡單，有緣的人，若是想要創造他們想要的任何合乎真理的經驗，一定可以「心想事成」。我的一生就是「心想事成」的故事，「當責」是必然，需要有方法去學習，而「成功」也是必然。

　　生命中所有的經驗都是必然的趨勢，找到其中的關鍵——「核心開關」，打開來看這個「核心開關」是什麼？並將此「核心開關」所隱藏的祕密解

讀出來，那麼會釋放出來裡面巨大的能量，透過此
能量必然會創造非凡的生命大師。

EMBA 的內涵——當責賦權之心想事成

Empower Yourself

賦予自己力量成為有能力的人

Maximize Your Potential

極大化你的潛能

Beyond Your Wildest Dreams

超越你想實現的夢想

Accountable for Your Life Vision

成為當責者承擔你生命的願景

第一章

當責十個修練心法

生命運作的法則在那裡？

　　耳熟能詳的「知識就是力量」，知識能夠應用在生活上，可以解決很多問題。靠「專業知識」也可以賺錢養家餬口，可見「知識是有用的」。可是在有些時候光是有知識是沒有用的，像是「束手無策」、「焦慮緊張」、「失眠失戀」、「痛苦害怕」等等時刻，任何的知識都派不上用處。

　　知識爆發的年代，知識沒有辦法解決的事情越來越多，「生命」這個本尊為什麼會積極不參與這個世界而變成「宅男宅女」？為什麼會變成異類——「繭居族」？從醫學的觀點，知識用的上嗎？貧窮的人沒有辦法賺到更多，為什麼賺不到錢？富人越來越有錢，為什麼可以賺到很多錢？從教育的觀點，知識用的上嗎？

很明顯地，當知識派不上用場時，表示要找到個別的生命密碼，這是什麼意思呢？因爲他們「特立獨行」的想法在運作他們的生命故事。絕對不會人人都想要依循目前這個世界的價值觀與運作方式來生活。

換言之，要不要獲得更多的知識？要不要積極參與世界？要不要從這個世界獲得更多？要不要遵守多數人的價值觀？這些都是他們——自由意志的選擇，與眾不同的決定。旁觀者迷——因爲「他們」跟他不一樣啊！

心靈與物質並重不衝突？

　　有人沉迷在物質世界——不斷地追逐金錢權力。有人迷戀心靈的境界——想保持永遠的和平寧靜。我沒有要評論誰對或誰錯的問題，我只是要指出心靈與物質這兩者完全不衝突，衝突的是人們對於這兩者，早已暗地裡界定這個優於那個，或是否定其中之一。這樣先入為主的想法既不正確又執著自己的偏見愛好，這才是真正的問題點——自己的想法在打架、衝突而已。

　　或是你想要認定兩者可以並重，那也沒有問題，你的想法真的覺得可以並重嗎？如果真的相信就不會有衝突存在。無論你是如何界定它們，都不會改變它們其實是一體運作的，本來就是一體兩面，你說什麼重要或是並重，都無法影響兩者同時

運作的模式。

談論這個主題，不是靠知識來證實。那是要依靠知識以外的東西，什麼東西呢？要整合好頭腦的雜音，暫時忘記長久以來所依賴的知識，找回感覺能力。這個太嚇人了，信仰知識的人，要他丟掉他的信仰，太困難了。把知識當作是他的信仰，怎麼可能丟掉呢？

換個方式來說，無形無相的心靈，只能用感覺能力才能體驗到無形無相的存在，知識會障礙感覺能力的功能，一直使用知識會忘掉感覺的存在，就是這個問題。

金錢進出流的關鍵密碼？

　　談到「金錢」是很開心呢？還是討厭呢？是熱血沸騰？還是心靜如水？關鍵就在這裡了。這就是金錢流量與流向的指標之一，怎麼說呢？「金錢」就像我們談到其他像是天空、森林、大海……，一樣的，同樣都只是一個名相，中性的名字，沒有所謂的好或不好，對或錯，漂亮或醜陋，清高或俗氣，通通都沒有這些貼上去的標籤。重點來了，講到天空，感覺好遼闊、好清爽，整個人不就是舒服輕鬆起來啊！這樣的話不就是喜歡常常「講天空」，或是常常去「看天空」，因為天空可以帶給我愉悅的心情，人性是天生趨向享受的。

　　所以「講到錢」、「看到錢」是開心的，熱血沸騰的，表示是喜歡金錢；反之則「講到錢」，是

討厭的、覺得它是骯髒的、心靜如水，表示心裡是不喜歡錢的。喜歡金錢當然是希望金錢流量常常流進來，越多越好，常常可以看到而感覺到歡喜。不喜歡金錢，當然不會希望金錢流量一直流進來，因為不會令人開心啊！可是又需要它，所以會很煩。人性是天生會避開不開心的，所以如果身上有錢會無意識地不知不覺花掉它們，因為不想要有不開心的感覺。

現在終於了解金錢流進流出的祕密了，所以人們談到金錢、使用金錢的時候，其實是不知不覺在「感覺對金錢的標籤」，重點是人們對金錢本身有太多負面標籤，隨著負面標籤也有很多負面情緒，連自己都不知道，原來是自己排斥金錢流向自己。

人們對金錢的想像也有很多，例如：錢是萬惡之源，有錢有勢，錢能使鬼推磨，太多了。金錢只是中性的工具而已，像這類的想法會阻擋金錢的流向，這些想法就是「隱形的過濾系統」，默默的捍衛金錢的流進流出，如果過濾系統越多越密，金錢

流量受到的限制也越多越廣。

　　金錢進出流的兩個「關卡」，第一是人們不和道自己對金錢的感覺是有很多負面的情緒反應。第二是內心有「隱形的過濾系統」自動排除金錢的流進流出，限制住金錢流量的大小。

第四節

人際關係分際在那裡呢？

　　人「際」關係，中間的「際」分隔了「人」與「關係」；人就是我，關係指任何人、任何關係人、任何有關係的人，合起來就是「我與任何人中間要有分際」，「我與任何關係人中間要有分際」，「我與任何有關係的人中間要有分際」。這已經很清楚的定義「什麼是人際關係了？」就是上面三個意義，其實就是相同的內涵，怎麼說都是一樣的。

　　「際」就是分際，怎麼樣拿捏得宜？怎麼樣有分寸？怎麼樣有所為有所不為？直接了當來說就是怎麼樣保持距離？保持距離保住關係、保持距離保護關係、保持距離保有關係、保持距離保障關係。「保持距離」就是邁向「健康又乾淨」的關係。

「際」就是際遇，「我與任何人之間的際遇」，那是什麼意思？與任何人的際遇，看似偶然，其實必然。

　　人際關係的祕密心要在於——不是偶然，那就隨緣不強求。我與任何人中間要有分際，我寄生於任何人或是任何人寄生於我，這樣的人際關係是處於不健康狀態，是「我的心理」生病了？或是「他人的心理」生病了？必然是都生病了，因爲不是偶然相遇，必然有其「互相寄生」、「互相遷就」的因緣，負面的趨向是：「互相依賴」——死纏不清，「互相衝突」——吵架攻擊，「互相報復」——兩敗俱傷。寄生的結果，就是這樣子一路往下沉淪，最後變成人際關係的災難。

第五節

工作是生命能量的釋放？

　　每個人的生命裡都蘊藏著巨量的生命元素——是無形無相的資源，是豐碩的無形資產寶庫。全人類僅有微乎其微的少數人願意花時間去探索自己內在的寶藏。「認識自己」是全天下最艱難的工程，無怪乎只有少之又少的人願意深入探索，而且僅能略知一二，親身體驗到生命真諦的人真的很少很少。

　　存在的價值與意義，是哲學家的思考範圍。有神無神論是存在信仰者的信念體系裡，生命的歸宿被歸類到宗教信仰裡，任由大家自由信仰。談論這些很好，但是無助於「開發生命」這項生命工程。

　　「開啟生命的源頭，發揮無限的潛力」，這就是一項開發生命工程，原來生命的祕密就是先要

「知道」有「開發生命工程」這個核心知見。基於這個核心知見實際去開發生命，而這項偉大的工程能夠造就生命的價值與意義。知道了僅限於知見的明白，實實在在地去開發才能讓生命的能量釋放出來。

　　為什麼工作是生命能量的釋放？工作看似為了賺錢而做，實際上卻不只是賺錢養家餬口而已，再往深入探討，哪怕已經是個家財萬貫的有錢人，根本不愁吃穿了，如果不做點什麼事，那麼他活著不就是變成「廢人」嗎？還是繼續做事啊！甚至賺了更多的錢啊！他可以自由地分配他的所得做任何他想做的事。由此可知，透過工作是可以釋放出充沛的生命力、旺盛的精力，而金錢的回報只是附加的價值，所以工作之後，養家餬口是主要可以得到的報酬，如果有更多的金錢回報，表示附加價值超高的。至於每個人想要得到多少的金錢回報？這裡面就有因人而異的變數，不是嘴巴說了算數，大家一定會說「當然越多越好」，事實證明不是這樣啊！

第六節

婚姻生活中的取捨得失？

　　童話故事的結尾——「從此以後過著幸福快樂的生活」，這是虛構的謊言。現實的婚姻生活，就是不斷地放掉再放掉，怎麼說呢？為了一起「共同生活」，必須要放掉原來可以獨自支配的時間、空間、金錢、交友，等等。失掉這些屬於自己原本的自由，讓自己的自由變少了。相對的獲得了不同的代價回來，像是多了一個人、二個人、甚至一個家族可以互動，互相陪伴，這樣值得嗎？這是主觀意識的選擇，沒有辦法衡量得失的，只能說「有所失也有所得」，失去的與得到的是兩樣不同的感覺，不能拿來比較。只想要得到而不想要失去，這是不可能也是無釐頭的妄想。

　　同樣都是婚姻狀況，A 家庭跟 B 家庭也是無

法拿來比較，總想著別人家如何又如何，我家如何又如何，痛苦的源頭是自己的「比較心」、「得失心」，一個人的時候比來比去，一個家庭時也是不斷地較量較量，沒有意義啊！好比嘴巴吃自己這碗飯，眼睛卻是一直瞄著那碗麵，看不到「飯與麵」本來就是不同的組合元素，卻拚命地糊亂地硬比，所謂「人比人氣死人」，不是被氣死，是自己不服輸氣死自己罷了。看清楚婚姻生活絕對是要「沒有條件」的付出，想好了「取捨得失」能否接受？千萬不要跳進去之後溺死，誰也救不了你。

　　沒有要否決婚姻生活的存在價值，或是倡導獨善其身，重點是要多一些自我了解，到底我要用什麼方式生活？把自己綁進婚姻關係淹沒在其中嗎？有人抱怨一輩子——自己「這一家」的人？何必犧牲自己一生的幸福呢？一個人可以幸福，一家人也可以幸福。我的幸福決定在我的身上——我的感覺，我的需要。怎麼可以把自己一生的幸福隨人起舞——隨波逐流呢？哪怕是不小心跳進去了，更需

要有勇氣面對現實生活。離婚就是兩個人不適合一起生活，因為彼此不能協調好「各取所需」，那就放生彼此，否則葬送各自的幸福。

其實跟愛不愛沒有什麼關係，在一起或是不在一起都可以有愛。有愛而在一起卻沒有辦法「協調」好共同生活，表示各執己見不願意各自放掉再放掉，有智慧的方式就是「放棄」一起生活，就是如此簡單。行不通就轉身離開，也是選項。

健康飲食概念落實多少？

　　在身體沒有出現狀況之前，通常人們是不太可能會規律性保養，因為：身體沒有問題啊！很忙，沒有時間。車子拋錨了再來修理，這樣很正常。保養的概念就是即使車子沒事也要進廠定期保養。就算做到定期保養，車子還是難免要修理或是換換零件。人如車啊！「平時保養身體，生病看醫生」。

　　我沒有要教導如何吃啊？睡啊？運動之類的事。我要提的比這個更重要的想法，也就是人們受限於「知道很多健康觀念，但是做不到」。每個人有不同的體質、生活環境、職業、壓力等等因素，但是都有相同的基本信念——五大營養素均衡飲食、運動有益健康、良好的生活習慣、懂得釋壓。在這個信念的大框架之下，常常聽也耳熟能詳，但

是做不到啊！

　　「知道而無法落實在生活中」，就沒有辦法落實保養身體啊！所以等著生病，就是這個道理。生老病死，老了之後生病變成必然的趨勢，可以老了之後不用生病而自然死嗎？經過生病的過程而死去，那是很大的折磨自己折磨別人啊！所以倒推回去，為了少生病不生病，不就是要先落實保養身體嗎？

　　想到生病的痛苦不自由，能否激發保養身體的動力呢？而且是根據個人的各別差異而有個別性的保養之道呢？這是最重要的關鍵所在——找到屬於自己、適合自己體質、能正確而有效的保養方式。

樂趣當工作天方夜譚嗎？

　　相信工作是苦差事，而且做事時做的死去活來的人，對於「樂趣當工作」、「工作是樂趣」當然會覺得天方夜譚啊！怎麼可能呢？「樂趣」只是消遣娛樂怎麼可能變成工作？而工作是專業嚴肅的事情，怎麼會是有樂趣呢？「樂趣」——有樂子又有趣味，不會枯躁乏味，不會無聊苦悶，不會厭倦疲憊，不會單調無趣。假設：當你在工作時是處於這種狀態——有樂子有趣味，不枯躁乏味，不無聊苦悶，不厭倦疲憊，不單調無趣。天啊！這種情境不可思議，難以想像，更無法置信。對！一般人做不到，連想都不會想；在傳統舊時代裡，絕大部分的人是不會相信「樂趣可以當工作」。

　　新時代創意者，創造了種種「樂趣當工作」的

成功經驗，正大量的成長中，想都沒有想過的事，居然可以拿來當作工作而且樂此不疲！儘管還是少數異類創造成功，但是證明了一件事「天下沒有不可能的事」，只有不想換個想法、換個腦袋思考的人。「換個工作容易，換個想法困難」，這就是人們常常換工作的祕密。

第九節

老病死無常無奈又如何？

　　這是一件再自然不過的事——老病死。無常一直在身邊啊！看不到聽不見，在哪裡呢？一般人——學「生」，不學「死」。在這裡沒有什麼禁忌不能直說，簡單說如果從「死亡」是暫時的終點來看，要清楚怎麼「活著」，這個過程才是「有意義的」一段生命。如果已經是過著百般無奈的生活，看似無意義的生命，不是等死坐以待斃，而是找出路——「天無絕人之路」，只有自我放棄，老天爺不會放棄的。

　　沒有不怕死的人，除非是特別的人，既然怕死，不就選擇好好活著？那就是了，選擇好好的活下去，想辦法活著好好的。不容易啊！勇氣面對。

第十節

翻轉生命奇蹟有可能嗎？

　　光有信心可以翻轉生命嗎？這是生命的動力所產生的力量，不管是「為了什麼」的動力，「想要翻轉什麼」就是一種動力，由此可知「信心」是來自於心中有動力，有想要翻轉什麼的動力。想要在黑暗中看到光明，除了等待黎明來臨，還有摸黑摸索道路、找到通往光明的道路，這時候心中的信心就是來自於「想要走出黑暗」，簡單的想法產生巨大的動力。

　　奇蹟不是從天降下來的禮物，是堅持自己的想法——「翻轉什麼」的想法，正面純善的想法，這個想法必然產生動能力量去做些什麼事，經過「時間累積」到某個程度之後信心漸漸的增加，而信心會增強動能，動能又轉變成行動去做些什麼，接著

又增加信心……，這樣形成「善的循環」。想法－動能力量－信心－動能力量，所以從「確立想法」開始，產生出來動能力量，去採取行動（經過時間累積），接下來信心增加了，然後又有持續動能力量產生，再行動，又更加信心，慢慢地，最後改變現狀。不是一夕之間突破盲點，是累積足夠的努力之後必然的結果，當結果具體展現時，你也可以說奇蹟似的翻轉生命，這是經過一段時間運作的結果。

十個心法結論

　　當責者，無論在那個面向，都必須要先確立「正確的思惟」，「正確的方向」，才能產生出來巨大的動能力量，這個「內在動能足夠強大」之後，必然會往外「採取行動」，接下來要檢查行動方向是否正確？有沒有足夠的能力——決策力、判斷力、明辨力、專注力、專業力、執行力、整合力、行動力、反省力、改善力、用人力、賦權力、賦能力、前瞻力…。這麼多的「能力」，怎麼可能變成超級能者？所以為什麼需要團隊合作啊！

　　需要團隊合作，這時候「這麼多不同的人」的關係架構裡就會產生很多「人」的問題——「人」的是非，「人」的競爭，「人」的責任感，「人」的習性，「人」的能力，「人」的一堆狀況。你可

以說「麻煩」、「紛爭」、「壓力」——這些是必然的結果，你唯有成為「當責者」，有智慧砍掉麻煩，一肩扛起責任，這是「最後成功」與否的不二法門。

當責者——無法卸責，無法抗拒，無法妥協，無法無能。「練習當責，十年有成」，這個代價既簡單又困難，因為「心法」難傳、「術法」容易。

「動能決定成敗，態度顯示結果」，會不會有令人「振奮、開心、愉悅、期待」的事情可以發生？那是什麼事相？或是什麼想法？這是動能的源頭。如何證明動能已經啟動了呢？「動能」是看不到但是可以感覺到，可以從態度上來辨識其動能如何。動能是什麼呢？就是動力能量，巨大的動力啟動時會釋放滿滿的能量，可以感受到能量具足與否，表示動力啟動之大小分別。

第二章

當責十個成功法則

捨我其誰？

我是誰？

我的存在是無以倫比的重要，這個「我」展現四個面向，我是誰呢？我是創造者，我是當責者，我是負責者，我是卸責者。這個我是需要淨化、成長的，絕對必要從卸責進步到負責，再從負責提昇到當責，最後呢？從當責體悟自己原來是「創造者」，再往上成長而「有意識」創造一切的經驗。

四個面向

簡單的來區分這四個層面的我，從心態（認知）、事相以及結果上來區別。

我是誰？	心態 （認知）	事相	結果
1.創造者	我「創造」一切的經驗，我決定我做主……	輕鬆自在、有意識、刻意去創造……	從經驗中學習、成長、明白
2.當責者	我「選擇」承擔……我主動去做……	有意識地選擇做……選擇承受	承擔責任承擔成敗承擔成果
3.負責者	我是某某角色，我「應該」做……即使很累還是應該……	努力扮演角色責任，辛苦	受害意識（或輕或重）、成就感或是失敗感
4.卸責者	不是我……	無意識地找藉口、理由、推卸責任	全然受害，活出百分之百受害者

當責之道

當仁不讓

「當仁，不讓於師」，孔子的名言，意思是事奉、服事老師要講究禮節，凡事要請命老師之後才能去做，唯獨遇見仁義的事，連老師都不必讓了。

當責不讓

從當仁不讓而延伸出來，「當責不讓」不只是用在管理組織中，或是自我管理的能力，都是要在自己的角色責任上提升到所謂的「當然」承擔起責任，「當然」勇於挑戰，不讓於人，全力以赴，完成任務，達成目標，交出成果。

當家作主

　　所謂「責任性原則」，就是我「選擇」成為責任者，我是當家作主者。

擔當起來

　　就是我來承擔、我來做、我負責、我主動提出來、我承諾負責、我來執行。

一馬當先

　　「當下」立刻承擔責任，當然一馬當先。

當機立斷

　　心態上承擔下來，所以可以當機立斷做出任何回應、決定。

註解

　　以上當責定義，參考相關書籍，感謝其精準的
解釋。

賦權賦能

賦予權力

在賦予權力的同時就是授予責任，賦予自己或是他人是可以承擔責任的。

賦予能力

看重自己看重別人，而非妄自菲薄或看不起他人。

使命必達

授予責任賦予能力，同時要求成果，以精準的

手段、方法解決問題完成任務。

完成目標

　　階段性或是最終目標，都要勇往直前、不畏艱
難完成。

第四節

權責相符

權力遊戲

　　權力鬥爭是一場我執之戰，我執對戰我執，表面輸贏不是真的勝利或是失敗，是我執兩敗俱傷。而良性互動的競爭，是可以各展所長，各自的權力都可以發揮作用，彼此較力爭勝利，這是權力遊戲。

責任歸屬

　　擁有完全的權力等於負有完全的責任，有權有責，權責相符。

當責管理

　　自己先成為一個當責管理者，再訓練他人成為當責者。

成果導向

　　所有作為一定要有成果，往目標調整所作所為。

為誰服務

　　當責是利己利人，主動積極參與自己的生命或是團體組織，有能力者才能做更多的事可以服務更多的人。

學習當責

當下承擔

活在當下，完全承擔起來當下發生的情境、結果，通常會習慣性地往前推說「前因」如何，所以才有當下的「後果」是如此。

導果為因

當責的基本態度是：先要確定認知自己本身就是源頭，自己有選擇的自由與智慧，需要具備反省檢討的能力與面對問題。將責任歸咎於他人就是導果為因，「結果」的責任若是落在他人身上，自己還是可以就這個結果，承擔起來解決問題，最終還

是回到自己是可以「選擇」承擔解決問題的責任，就算收拾爛攤子也是選擇的項目之一。

因果關係

明確的定位自己，一切的問題都可以迎刃而解，我是解決問題的關鍵人物，力量來自於自己，外在所呈現的一切都會隨著我的決定，我解決問題的態度而被改變，被改變的意思是：情境有改變。隨著我的選擇（因），外面的情境（果）會因為我的選擇而跟著變化。

學習能力

具備當責的心態，在任何的位置上，都可以勝任。學習當責，當責是責任感與能力的展現。學習當責就是具有學習能力。

第六節

駕御習性

無明罩頂

　　爲什麼活在「無明」中？無明就是不知道、不清楚、不明白的狀態。在「不知道、不知不覺」狀態中活著、做事就是無明罩頂，卻自以爲是清楚、明白。

習慣被動

　　習慣性處於被動狀態中接受指令、聽命於人，做錯事順理成章推給「那個人」，我只是奉命行事，錯不在我。

習慣推卸

習慣性不負責任，藉口理由、謊話連篇、合理化所作所為，因為無明罩頂或是明知故犯，也許沒有自知之明、自我欺騙，旁人卻心知肚明。

習慣受害

眾多習慣性的毛病，日積月累之後養成一個受害者，千錯萬錯都是別人有錯。眾人皆醒唯他獨睡，假裝沒事什麼事都可以推的一乾二淨。

習性使然

長久以來一直在累積習性，何止千萬量啊！積非成是充分顯現於言行舉止之間，生命百般難解就在於「不知有習性種子，無量啊！」。

清晰意識

這是指頭腦在清醒狀態之下，能夠覺察、觀察的意識，不只是能了別頭腦裡面比較細緻的種種想法，而且能夠與定力相應、並且有能力感知到更細微的習性。

警醒以對

意識保持清醒、警醒，可以發揮與定力、慧力相應，對於種種剎那剎那流注的習性保持距離，而不會隨之呼應起舞，甚至因為智慧升起而中斷其作用力，轉動作主決定的力量暫時中斷其作主。

第七節

訓練真諦

不知不覺

　　連自己在推卸責任都不知不覺，因為頭腦正處於雲霧繚繞中，有時候是一片空白或是混亂無章，混沌不明狀態，這個階段會否認、反駁任何人對他的回饋。這是最表層的無明，不知道自己已經在卸責推諉，甚至不知不覺自己在逃避現實生活，所以會一再的重複犯相同的錯誤，他的認知是「我沒有錯」，「我沒有推卸責任」，為什麼要誣陷冤枉他？所以會有憤怒情緒，反擊他人。

後知後覺

事過境遷之後，有時候會認知自己的錯誤，有時候會為自己辯護，這是處於可以自我反省的態度，也可以接受他人的批評與意見。「認知」是知道自己的狀態，而「負責」是能夠調整修正自己的錯誤，從後知後覺的「認知」到真正「負責」的心態，這又是漫長的成長過程。

有知有覺

當下有意識到自己在做什麼，覺知到自己的錯誤而當下承擔責任，「即知即行」、「知行合一」，這是勇者的擔當。有知有覺而且當責不讓，立即採取行動不畏艱難、不會計較自己的得失、不懼怕任何的鬥爭，這是強而有力的當責。

成為自己的老闆
從心思惟新人類

先知先覺

可以事先事前做好準備，包括心理準備，規劃好任何的可能性，在認知的範圍內做好預防措施。這個準備不是失敗的準備，而是先知先覺者的大膽假設，與對「無常隨時會發生」的正確認知。失知先覺的當責者，兼具仁慈與智慧。

培養覺察

「觀察入微」指的是面對外面人、事環境的變化，具有敏銳的觀察力。而反觀自己內心世界在發生什麼？需要學習認識自己的內心世界，需要培養自我觀照、覺察力。具備往外的觀察能力不等於會有往內觀照自己的覺察力，這兩者是不同的。但是，已經具備高度往內自我觀察的能力，如果持續將注意力放在外在世界，要洞悉外在世界的人、事環境，是輕而易舉的事。了解自己的內心世界是一

項很艱困的大工程，甚過認識世界的一切。「認識
自己需要智慧，認識世界需要知識」。

超越習性

習性好比難以馴服的野馬，無法控制。知道它
們的存在之後，還是會常常與之共舞而不自知，不
知不覺又繼續陷入其中，發現的時候已經來不及
了，已經造成結果了。需要非常大的耐心勇氣，培
養覺察力，從不知不覺慢慢進步到後知後覺、有知
有覺、甚至先知先覺，也就是從卸責到負責、當責
的過程。

活出當責

「表裡合一」，從內而外，這是同一個生命力
量在運作著；這是生命的奧祕，這個世界沒有很多
人去探索這個真相，所以要「活出當責」，當然不

容易啊！「我是當然的責任者」，當然加責任，
「實踐當責、活出當責」是可以成就的境地。

第八節

洞悉真妄

觀察入微

　　這個世界呈現所有人性的真真假假，這裡指的是人們的「真誠」與「虛假」。真誠就是不虛偽、不虛假。真實坦誠對待世界，就是善待自己善待別人的方式。

忠於自己

　　不需要附合或是排斥這個世界的主流價值，但是要真實面對自己內心渴望經驗的是什麼？忠於自己的理想。

堅持原則

　　當然責任者，這個原則是幫助人們完成理想的必然選擇。

第九節

當責大師

專精於一

　　大師是精通某種技能，經過正確的訓練，假以時日必然有成。「專注力之所在，必然茁壯」，單一焦點聚焦在練就某個領域，必然成為大師。真大師也一定是當責大師，因為沒有練就成為當責者，怎麼可能成就任何一方的大師呢？

洞察先機

　　當責，洞察先機者，因為世界的運作必然有其軌跡存在，每個人的生命亦然，「因果定律」就是運作的模式，這是科學的角度並且可以實證。

中道力量

當責者依中道而行，不偏不倚，心中自有正道思想。

紀律定力

有紀律遵循正法實際修練，可以激發澎湃洶湧的力量泉湧而出，創意盎然生機無限。正確的知見與方法可以修習足夠的定力，以定養精蓄銳，智慧自然來。

當責智慧

當責智慧，當然的責任者自然會有智慧的方式解決問題，超越一般人既定的框架想法。

光明磊落

坦蕩蕩光明磊落的心懷，有所為有所不為。

無得無失

看似有得卻是無所得，提的起放的下，當下決定當下承擔，責任一肩扛起。

第十節

心想事成

心無旁鶩

想要什麼

事事可成

成功有我

就此一博

非理論定

凡事放鬆

第三章

當責十個實踐事件

第一節

婚姻

有沒有「一見鍾情」，有啊！自己知不知道？知道。因為在當下，已經觸及「情感樞紐」——分泌荷爾蒙，不自覺地身體反應熱烈。直白來說就是想要直接進入兩人關係，結婚就是合法的選擇，直接宣示主權。當責者——進入婚姻，為身體的需求承擔責任。

只想要自顧自的需求，不想要為婚姻付出更多。無論怎樣都改變不了自私自利怎麼辦呢？持續待在婚姻裡抱怨嗎？如果改變不了私心而兩人關係爭吵不休，繼續婚姻只有越來越痛恨彼此。當責者——承擔婚姻的結果——如扶養小孩、負擔贍養費。承認錯誤的結合——來自自我認識不清或是自我欺騙以為自己可以為婚姻有所改變。

為了想要得到婚姻的好處——貪得更多的財產，或是暗地盤算自己的利益好處，難道對方會不知道？就算結婚再久，「紙包不住火的」，看似外遇是錯在對方，其實是對方已識破「虛偽不實」的你，藉此機會找到可以離婚的理由。當責者——承擔外遇的罪名、承擔付錢了事。受害的你——因為暗藏貪財、貪好益的企圖無法得逞，而指控對方外遇，忘記自己「早已」種下日後失敗的原因——想要得到財產、好處。當責者——看到自己的虛榮心，為自己貪財、貪好處失敗而必須要離開婚姻，不是因為對方有外遇而被迫離婚。

　　吵吵鬧鬧的婚姻，離不了婚也好不了關係。當然有三條道路，當責者——承擔起來吵鬧不休的婚姻，承擔責任——分手的痛苦，承擔起來——改變的責任。怎麼會是無路可走？擺著三條路都不選擇不承擔，那麼，「擺爛」的結果會出現——身體承受巨大的壓力而健康出現問題。

第二節

工作

　　無心工作，這已經是在混日子了，當責者——改變心態，或是直接休息吧！無心者，在工作上一定是錯誤百出，推卸責任，找藉口理由，甚至會以身體出現狀況來作為可以休假的合理理由。當責者——放掉推卸責任，學習勇於承擔責任。

　　想要跳槽到更好的公司，得到更多的報酬，這原本是無可厚非的事。當責者——承認想要賺更多的錢。如果不敢直言自己是為了賺更多的錢，卻以其他的理由而換工作，沒有承擔下來——「為錢而工作」，那麼結果可能是越賺越少。當責者——坦承是為錢而工作，既不丟臉也是可以的。

　　工作換來換去都不滿意，因為「換工作容易、換個想法困難」。跟老闆不合，你可以理直氣壯說

「理念價值」不合；自己的能力不足，你可以解釋「公司要求太多了」，講來講去都是外面的問題。當責者——面對自己的問題，找到答案。

抱怨東抱怨西，即使換了一個工作，抱怨的對象不同但是抱怨的內容一樣。工作就像坐監牢一樣，一定會失去很多的安逸、舒適，其中最大的挑戰就是「失去面子」，無論有沒有過錯，當你被上司 K 的時刻，必然會事後發牢騷。當責者——將工作視為磨練自己，增長能力的培養。

健康

　　當健康已經出現問題的時候，大喊大叫「為什麼是我？」怨恨啊！已經來不及了，哭天搶地也沒有用。任憑誰也無法給你答案。唯一的希望就是——承擔起來生病這個結果。把目前生病當成是——我很倒楣所以才是我，這樣的話，變成是「我很衰」、「我是無辜的」，因為倒楣的關係才會生病。這是受害者的指控，指控世界對不起我，讓我生病了，我很倒楣。當責者——我生病了，我可以做些什麼幫助我自己恢復健康，或是我可以去請教什麼人！

　　即使身體已經生病了，還是覺得我沒有問題，反正看醫生吃藥開刀不就好了。每個人都會生病啊！生病就生病。這個態度看起來很強悍，武裝自

己不能軟弱。這樣子對待自己，把自己偽裝成沒事、沒有關係，其實是很殘酷對待自己。當責者——示弱可以得到他人的支援與協助，示弱才能有機會增強自己的不足。

第四節

關係

　　渴望關係的目的是——寄生在他人身上。為什麼會想要「賴著、黏著」關係呢？以為我可以從中能撈則撈——把關係當成我的提款機。能混則混——把關係當作是我丟情緒、丟責任的對象。誰欠你啊？久而久之，變成令人厭惡的寄生蟲，早晚一定被丟包，有誰會願意長期被寄生蟲侵食呢？當責者——當個正正當當，光明磊落的人。自食其力、自立自足。

　　虛偽做作——把關係當作是社交活動，應付了事——對待關係不真誠。持久下來，必然累積很多的疲憊與無奈情緒，變成「逃避關係」。原本人際關係可以是無形資產，經營成負債包袱。當責者——主動積極參與，坦承待人。

在關係中處於討好對方，期待被認同自己是好棒棒，所作所為都是在「等待」他人的肯定，若是得不到關愛與讚美，失望會轉為受害。當責者——關係是建立在平等基礎上，自重人重。

第五節

公司

　　經營公司的責任不能只是「搞好人情」的心態，一切的考量是建立在制度與盈餘責任，如此才能繼續生存下去。即使是一人公司，也是秉持這樣的理念。否則何必搞個公司讓自己賠錢又白忙一場。當責者——開公司若是不賺錢，一直燒錢，勢必要重整，設置停損點，「認賠殺出」就是承擔責任。

　　掉入「人情包袱、用人不當」的陷阱，若是長期花在人事糾紛的處理上，整體而言是業務發展會受到影響。當責者——把人先擺平，事才能進行。「得罪人」只是藉口，若是用人不當而處理不了，只是顯示自己無能之處。

　　拓展業務是責任，唯有業務收入才能創造公司

穩定發展。「業務至上，服務至上」，「業務就是服務，服務就是業務」，兩者是相輔相成，可以形成良性循環。當責者——不畏懼與人互動、耐心、眞誠、有毅力。

設定願景、目標管理、展現成果，由小到大任何個人或公司，這是一定的流程。事無大小之分，不論小事——自我管理，大事——管理公司，其實只有一件事就是——一定要先學會「自我管理」，而且要進化到從心「當責管理」。當責者——認清「卸責、負責、當責」的本質，提昇至當責管理。

生病

　　沒有人希望生病，基於內心恐懼而害怕生病，可能會做很多「表面」可以避免的事情，但是內心的害怕還是存在，並沒有因爲多做了什麼而減少恐懼。當責者——面對自己的內心世界，而非逃避問題。

　　可以從根本的保養——釋放壓力做起，逃避壓力只會讓壓力像滾雪球一樣，越滾越大。因爲在自己內在的能量，需要釋放出來。「逃避現實，不會減少壓力」，「面對現實，才會減少壓力」。當責者——有正確的認知，採取正確的方法。

　　生病分爲身體生病及心理生病，一般人會知道自己的身體是否生病，但是不知道自己的心理生病了。心病需要醫心，醫治心病，先要了解壓力的源

頭在那裡？對症下藥才能解除痛苦。當責者——有
智慧面對壓力，適時調整心態，改變想法。

學業

從成績的落後，可以先從心理層面找到眞正的原因，解除心理因素的影響，功課慢慢會變好的。用盡方法在課業上，改善仍然有限，那麼唯一之道就是從心理找到那個關鍵所在，一切迎刃而解。當責者——找到問題的關鍵因素，才能眞正解決問題。

升學選系，是規劃未來的職業選項基礎，如果能夠在選系之前先釐清自己的志趣、天賦，依據個人的先天條件及後天能力，未來找到自己有熱情的工作，這是最好的選擇。當責者——認識自己的天賦、及早及時培養專長。

賺錢

　　有人將賺錢視爲不得已而爲之，因爲他認定
「工作只是爲了賺錢」，而工作不順時會歸罪在賺
錢辛苦上，這是沒有面對自己在工作上的問題——
工作上遇到人際關係的困擾、不知道如何應對應
變，或是專業能力不足，或是沒有足夠動能工作，
或是不想工作，以上而導致心理壓力很大，所以認
定了「工作很辛苦、賺錢很辛苦」。當責者——釐
清「工作和賺錢」這是兩件事，再來面對自己在工
作上的問題是什麼？

　　透過工作可以賺到錢，投資可以賺到錢，繼承
可以賺到錢，撿到錢可以賺到錢，接受布施可以賺
到錢。所以，可以「賺到錢」的管道有很多，工作
不是唯一一個，先要了解工作的意義，再來談賺

錢。如果對賺錢有錯誤認知，又跟工作劃上等號，那會成為「工作不開心」都是因為金錢。賺錢，表示我要去賺取金錢，得到金錢，這個想法就是在主動的追逐金錢數字，這已經是深植人心根深蒂固的錯誤認知。正確而實際運作的方式是：賺錢，是被動得到金錢。而所得到的金錢數字是：根據個人內在的價值感與對數字定位而無意識創造出來的數字。

工作是主動作為，投資是主動行為，繼承是主動行為（因為你也可以放棄繼承），撿到錢是主動採取行動，接受錢也是主動行為（因為你也可以拒絕接受），所以是「我先主動去行動——工作、投資、繼承、撿拾、接受，然後金錢被動來到我手上。」所以金錢是我採取這些主動行為之後，回饋回來的——工作的回饋、投資的回饋。或是金錢是我採取主動行為之後，接受得到的——繼承得到、撿到、接受布施。當責者——唯有透過正確的工作、投資，那麼金錢會回饋回來。

如果是繼承、撿拾、接受的管道得到金錢，姑且稱之為賺到錢，這是可遇不可求的禮物，需要有正確的心態來面對——這是福報，有多少都是心存感謝。如果沒有這個福氣，千萬不能強求或是做出任何違法行為，這樣要付出慘重的代價。當責者——正確的態度，有所為有所不為。

　　金錢的數字是決定於自己內在的價值感與對數字的定位，在無意識中創造出來的數字，是個人無意識決定的結果。無論金錢數字多少，代表各人的創造力的結果，無須評論好壞對錯，那就只是數字而已。當責者——不是為金錢數字而工作，是為了展現生命能量而工作。

買賣

　　生意上的買賣是雙方一起玩一場「你進我退，我進你退，或是你我皆不退」的拔河賽，最終「買賣不成仁義在」。買賣不成也不能口出惡言或是挾怨報復，在買賣之間雙方在意的、錙銖必較的是金錢數字。當責者——已經承諾的事，不能輕易毀約或是事後偷工減料以獲取更多的利潤。

　　買賣之間需要信任與坦誠，如果彼此之間失去誠信原則，往後勢必影響互動關係。建立長期合作的重要性——誠實誠意。當責者——眼光要放遠，做事要老實，品質要第一，服務要至上。這是基本的經商之道。

第十節

送終

當一個人有徵兆即將離開這個身體，親友之間或多或少會感知到——會有些不尋常的跡象，捕捉到這些訊息，能夠在最後的時間裡為他做些什麼呢？很難平常心對待，可以說些對他的感謝——那怕是微不足道的小事，還有加持他生命存在的價值——賦予他的存在是向上、光榮、有益親人的部分。當然，提醒他放掉未了的事情，所有這一生該完成該做的都已經成就了，通通沒有他的責任了。當責者——賦予他人存在的價值與尊嚴。

實踐結論

　　十個面向的實踐事件，這些都是已經發生成就的事實，以真實的事件所呈現的面貌來剖析其中成敗的關鍵因素，這一切都是已經是成功的經驗。

第四章

當責十個生命奧祕

核心開關——使命必達

　　每個人的生命故事裡，隱藏一個無形的開關沒有被打開來，或者已經打開來了而不自知，這個核心的開關裡面裝著什麼祕密嗎？為什麼隱而未現呢？核心開關，表示有什麼是被鎖住、被隱藏起來？簡單的說就是沒有被發現，沒有人知道的生命密碼，當這個密碼打開了，生命豁然開朗不再隱藏自己，可以觸及到自己內心深處的動能，全然釋放出來生命的熱情。

　　一旦熱情的開關被打開了，豐富的創意、靈感、想像力，等等太多了，這些生命的元素供應你用不完啊！有人說「做你愛做的事」——可能愛做的事是對的事，可能愛做的事是不對的事。明知不對的事還是義無反顧地投入啊！「對與不對」是可

以明辨出來的，一樣都是熱情參與所做的事，並且樂在其中，但是那個「是非黑白」是不容質疑。這個分水嶺是一個往上正面發展，一個往下產生負面效應，兩條道路兩個命運啊！

使命感——凡事皆可使命必達，這個核心概念促使他不分青紅皂白完成使命，一旦做壞事也是壞事做絕，喪失道德良知。合乎正義良善的使命感也可能為人賠盡家產，或是犧牲生命在所不惜。有智慧的使命感——創造光明的生命，無知的使命感——創造悲劇的命運。當責者——承擔善的果，惡的果也是必然要承擔下來。「善與惡」的結果，如果用「生命是一場學習之旅」來看，除了「承擔」惡果，能否從「惡果」中醒悟明白，才是真正學到了功課。

第二節

核心開關——追求名聲

　　追求名聲——愛秀自己，讓更多人看到、知道。顯性的就是很多人都認識他——得到有名，有認同也有不認同。隱性的就是希望特定的人知道他——得到認同。所以這個核心概念是要得到——認同，與想要凸顯自己存在的價值。這兩個是相關連的，從所做的事中來凸顯自己存在的價值，當然希望得到的是他人認同他本人，而他所做的事是代表他創造出來要凸顯自己的方式。

　　他在宣告大家：我在做這件事哦！你們看到我了嗎？透過我做了這件事你們才會看到我、認識我，至於你們認不認同我所做的這件事的本身，那沒有關係，反正我要的是你們看到我了。即使你們反對我做這件事，表示你們看到我了，我只要持續

做下去，你們一定持續反對我，就會持續看到我。「所做的事」會持續讓我得到我要的注意力，不管怎樣我就是繼續下去。

　　「所做的事」令人開心感動或是令人厭惡嫌棄，這是兩極的結果。因為他要得到的是凸顯自己的存在感，這是價值所在。別人開心或是不開心，那是別人的事，而「我被看到了」，這才是我要的。當責者——當然要顧及別人的感受，當然要做對的事，並且把對的事情做好。從學習的角度來看刷「存在感」——熱衷於秀出自己，當沒有人要看你這部一再重演的爛戲，就是該落幕了，從落寞空虛中找到真實的自己吧！

從心思惟新人類
成為自己的老闆

第三節

核心開關——找個愛人

　　尋尋覓覓找個「愛我的人」、「來愛我」，這樣叫做「找個人愛我」、「找個愛人」。沒有人會這樣告訴我：「找個人來，我來愛人」。但是通常會說「他愛我，我也愛他」或是「我愛他、他也愛我」，「彼此相愛」。這個相愛的故事，千古不變都是大家的最愛——最愛看的電影故事、最能觸動人心的愛的力量。

　　這是通往幸福快樂的開關嗎？只要找到了我要的人，一生摯愛出現了，我的生命一定是從此不一樣了？怎麼解開這個千萬年來的神話呢？有一些困難度，姑且相信這個祕密是有解答的。首先，為什麼需要有個愛人——愛我的人，先假設如果沒有找到有個愛人——愛我的人，會怎樣呢？可能會孤單

寂寞、孤獨到死，很可憐沒有人愛我，很悲哀沒有
人要我，很可惜找不到愛我的人，沒有人愛我、沒
有家人很悽涼等等，以上這些就是必須要找個愛人
的原因，這就是為什麼需要有個愛人旳祕密，因為
是隱密的信念，很少人知道，現在知道了也未必相
信。這個核心概念是建立在「如果沒有找到愛人」
的命運是悲劇收場！有個愛人才能夠有個家庭，有
家人陪伴一起到老死。這是千眞萬確的錯誤認知—
—「相愛的人」一起生活，生命才有希望未來。

　　絕對不是找到愛人之後，生命便不再有孤單寂
寞，孤單寂寞原本就是在每一個人內在，另外一個
人的存在只是讓你的注意力轉移到他身上吧了！而
且一直聚焦在他身上，時時刻刻心懸念著他而覆蓋
住自己的孤單與寂寞，一旦他不在身邊，有時候還
是會瞥見那孤單寂寞，你誤以為「他不在身邊」所
以我才會孤單寂寞覺得失落寞落。人們會一直持續
的把生命的能量投入一個關係裡——在一個人身
上，最後兩個人的關係已經破裂到嚴重失血，雙方

都已經耗盡了生命力，一條命奄奄一息了，在這種情況之下——心已經死，熱情不再。那個曾經打開的生命能量的開關——已經悄然地又關上了。也許從此以後行屍走肉，再也激不起任何的熱情火花。

再找到一個愛人，一起生活，這時候想要啟動新的戀情，或是從此孤單過日子呢！核心關鍵在那裡呢？改變認知——從「找個人來，愛我」翻轉成「找個人來，我愛人」，從等待他人來滿足我的需求，「改變」成我為自己的需求負責，同時付出給他人。當責者——有能者，能者多勞，自我滿足自己的需求，付出無條件的愛。如果沒有改變這個核心價值，生命會一直陷入「期待」一個人出現，「等待」一個人付出給我，「控制」著一個人，「憂慮」失去一個人，「糾纏」著一個人。從精神上「巴著賴者」一個人，最後「互相厭惡」，甚至「暴力相對」，那分裂是必然，否則兩個人都活不下去。因耗盡了生命能量，再不打住療癒情傷，這一生就提前結束，做什麼事都提不起精神啊！

核心開關——生個孩子

　　傳宗接代生個孩子，甚至指定是男生，多少人為此受盡折磨委曲啊！「沒有生個孩子，沒有地位尊嚴」，這是多麼荒謬，多少女性為此賠上了一生的陰影？只為了沒有生個孩子。有人繼續留在婚姻裡守著有名無實的生活，然後眼睜睜看著明的暗的小三小四……。任由另一伴為所欲為，明的暗的來其實都是一樣的。留尊嚴不留人——離開婚姻過自己的生活。重點是：有人自認是「不得已而為之」——有苦難言。有人是明知自己的想法而選擇自己想要的命運。

　　如果因為「沒有孩子」而必須要決定（自主決定或被迫決定）分手，看似無辜的受害，往深處探究原因——身體的狀況（兩個人）是其中之一，而

心理因素是其中之二。而心理會影響身體，撇開各別的身體狀況不談，心裡層面的意義是什麼呢？像是有一些想法——小孩會干擾清淨的生活，自由的時間、空間變少了，自己會成為小孩與另一半之間的小三，養育孩子很辛苦，不喜歡小孩，等等。這些無形的核心價值，與社會價值是有抵觸的，最終是自己的價值觀勝過社會價值觀。所以，「沒有生小孩」表示是自己的想法決定的，而當另一半決定遵照社會價值觀，所以找到一個可以生小孩的人一起完成這個任務，這是各自在創造自己的命運。至於要不要繼續留在婚姻裡面，是共同的決定。共同決定要在一起，所以有名無實；共同決定不要在一起，所以各自生活。

當責者——當然可以選擇自己想要經驗的生活方式，即使是不符合社會的主流價值。如果不能承擔自己想要的，而怪罪別人反對或是批評，這是卸責藉口，如果因此而受苦受害，不就是表示應該自食惡果——「受苦受難」剛剛好而已。「卸責是原

因，受苦受害是結果」，有很多人的生命狀態是常常處在「受害意識」狀態，顯示其生命是有很多的卸責、不負責任，而你所看到的現象——受苦受難受害，是他的生命的結果。「同情他可憐他」是不對的、沒有智慧的心態。「教育他」是唯一的出路，「教育不了他」就放下吧！因為佛度有緣人，度不了而硬要度，結果是彼此結下更多的惡緣。

第五節

核心開關——祕密戀情

　　祕密表示不能公開，當祕密情人是充滿刺激，
爲什麼追求這樣的刺激感呢？每個人會以不同的方
式在經驗他自認的快感、成就感、爽感——開快車
飆車，爬山征服百岳千岳，豪賭賭到爛賭到死，太
多稀奇古怪的招數。追求這些的同時，最壞的可能
會家破人亡，破產身敗名裂，這些大家都知道，可
是大家還是要去冒險。「祕密戀情」是很神秘、特
殊的際遇，關係不能曝光或是尚未曝光，關係之間
存在若有若無、若即若離的美好想像中。這就是祕
密戀情吸引人的地方——不切實際的幻想，可以跳
脫現實的壓力。

　　爲什麼現實的壓力會令人想要逃避呢？抗壓能
力不足嗎？壓力之下必然要找到一個出口，釋壓的

出口。生活中「無聊」「苦悶」的逼迫感——這個壓力是無所不在，尤其是無聊的時候，一定要找樂子，獨樂樂不如眾樂樂，一群群人在一起吃吃喝喝打屁聊天，消磨時間。再者是高度刺激性的活動，衝浪、登山、飆車，找小三也是高度刺激性——身心的刺激，挑戰道德規範，危害誠信原則。「趨吉避凶」是天性使然，有壓力代表有危險性，所以才會找各種管道向外宣洩壓力，看似得到短暫的休息或釋壓，其實壓力的源頭還是不斷地湧出大量的負向能量，這些「負能量」是摧毀身體健康的殺手。沒有適合的方式釋出負能量，又不斷從事高風險高壓力的活動，雖說是樂趣，壓力依然存在——生命健康財產安全的顧慮不減反增。

　　祕密戀情的壓力在於不能說、不能曝光，背著良心良知找樂子，固然是刺激又夢幻，但是內心所背負的包袱是——交替活在兩個時光環境中，情感糾葛不清。於理性看待這些關係人——各取所需，似乎相安無事。於情感上承擔著糾纏的情結也是必

然的結果。當責者——各自的利益各取所需，各自的情結各自釋懷。所有的當事者爲什麼會共同創造出「複雜的」關係呢？人們所不知的祕密——前世今生的緣故。這不是宗教的問題，也不是信仰的力量可以解決，是人性執著情緣——情執的關係。解除這個情執牽掛，打開打結的緣份，從心迎接新的緣份，生命的熱情依然會持續奔放。當責者——放掉所執的人事，投入當下現在的幸福。

第六節

核心開關——追求財富

　　擁有財富應該是人類的自然狀態，追求財富表示人已經失去平衡的生命狀態，才會出現追求的心態。有人會說：「就是因為沒有財富，所以才要去追求啊！這很正常啊！也是應該這樣做啊！」又有人會認為：「現在就是沒有錢，不夠用啊！怎麼會是我自然就擁有呢？沒有錢就是沒有錢，想辦法賺錢解決沒有錢。」這些現象，大家已經在經驗的——「沒有財富、沒有錢」——是結果，一定有存在什麼原因才會發生現在這種結果。所以解決「沒有財富、沒有錢」，不是更拼命地做，因為原因沒有改變，就算拼到死可能改善地有限、或是拼到錢了命沒了，或者去掉半條命恨死了。這些結果——改變有限、命沒了、恨死了，不是正常的現象，這樣

子追求錢的結果必需要付出另外的代價——健康出問題，心理生病，怎麼會是正常現象呢，這就是我所講的——擁有財富應該是自然現象——是工作做好、事業經營有成、投資得當所回報的。以身心生病才能換來財富，表示內心早已出現問題——就是那個沒有財富、沒有錢的「原因」沒有改變，所以拚命的追錢，產生出來的「結果」——不盡人意。這就是很多追求財富的人為什麼後來會身心生病的原因。世界上擁有財富的人很多，而他們並沒有這個困擾，因為他們的身心是平衡健康的，他們並沒在「追求」財富。

　　回到那個沒有辦法「有財富、有錢」的原始原因又是什麼呢？談到財富金錢是千萬年來的「舊事」，不是新鮮事。從古至今「貪財貪錢」就是貪心啊！這個「貪」心不小心就變成「貧」窮了，原來「貪心跟貧窮」是非常接近的境界。很貪心的人是住在貧窮的隔壁，其實是很貪心的人一定是很貧乏的人，因為內心很貧乏匱乏所以才會想要貪得很

多很多啊！很想要得到很多的財富甚至不擇手段獲得不義之財，最後東窗事發必然要付出代價來賠償。「貪快」也是貪心，快點累積財富快點有錢，怎麼可能能快點來啊！一切按步就班，循序漸進，「累積」財富不是靠直線上升，像是電梯直達頂樓。需要讓金錢流進流出來運作才能蓄積金錢。好比在每一層樓都要開開關關一樣，因為金錢是流動的。沒有流動的錢是死錢，不會滋生錢出來，也不會有很多錢，就一直是原來那堆錢不可能變多了。所以要有錢不能死守錢，做什麼事都一毛不拔，滿腦子都是不要花錢，因為花了錢就沒有錢了，這是錯的離譜的態度。不想要花錢也是貪啊！為什麼？我不是指可以浪費錢的意思，是指在花錢的時候想要 hold 住錢不讓錢流出去的心態——貪得它執著它不讓它流出。這是一種心態，花錢的心態，捨不得讓錢離開，想要保住它。同樣地，做事時就一直認為「是為了錢做事，就是賺錢」，如此本末倒置，工作時是不開心的——因為是為了錢工作，天

天工作，卻無法天天都看到錢進口袋，看到的錢都不是我的錢是老闆的錢，因為內心一直 hold 住賺錢賺錢，這是無形中養成的習慣，其實是貪著得到的心態，所以當金錢流進來時——不自覺的嫌棄它，太少了，不夠多。或是覺得等一回功夫，錢都分配出去，根本無法留住它。對它實在又愛（希望它多些留下來）又恨（它卻沒有辦法留下來）。把它換成你愛的人，當他（她）來了（希望他多留下來久一點），他要走了（他沒辦法留下來），你的心不也是又愛（他來了）又恨（他走了），這樣容易理解多了。對待金錢的態度跟對待人的態度是一致的心態，都在反應你的執著度有多少？越執著心態越無法理性清晰處理，如果執著金錢，如何有能力處理金錢的事，相同的，如果執著某個人，如何可以處理好跟他的關係。所以，執著心就是貪著貪得的心。沒有辦法「有財富、有金錢」的原因就是——貪心、貪得、貪著。這是心理無形的枷鎖，捆綁住你跟金錢的關係，這個開關要打開來，鬆綁

枷鎖，才能自由自在地創造財富。

　　接下來就是對於財富、金錢，沒有正確的觀念，這方面的錯誤認知實在太多了，不勝枚舉，而且很多是負面認知。財富包括錢財與富有，錢財是實際的金錢數字和看得到的有形財產，這兩個屬於有形的富有。還有無形的富有是指心裡的滿足感和安全感，這是看不到的無形財產。這裡要特別談到，有形的財產會不會增加心裡的滿足與安全感呢？基本的生活需求透過足夠的金錢來運作，會有一定程度的安全與穩定，而滿足感是屬於心理層面的感動與知足，似乎跟錢的多寡沒有直接的影響。金錢是工具手段，用金錢這個中性的工具可以換到生活所需的一切，而金錢買不到精神領域的滿足。有錢買到自己喜歡的東西，那個開心喜悅，只有短暫的停留。而真正的滿足是可以持久性地經驗到心中滿滿的感動，這個不是想買就能買得到的。

　　真正富有的祕訣是——身心平衡發展，不只是擁有財富而已，什麼意思呢？多數的人身心障礙很

久了，在無意識狀態中做了很多事，需要旁邊的人為他善後。即使有錢沒有智能處理好財務，金錢的破洞還是一個無底洞。多少人中了樂透彩券，十之七八的人，居然荒謬地花掉所有的錢，甚至失去健康失去家人，最後變成一無所有，這是老天爺在開他玩笑嗎？給了那麼多的財富，他居然可以用光光，還得賠上健康婚姻，最後兩手空空，這是一個什麼笑話嗎？「有財富、有錢」很好，至於如何使用金錢，讓身心得到更多的提昇才是最重要的事。當責者——成為財富的主人，運用財富提昇身心成長。當責者——當一個有智慧的真正富有的人，運用智慧使用財富，享受財富帶來的自由與樂子。

核心開關——自由自在

　　什麼是自由自在？「不自由毋寧死」，所以大家都知道自由很可貴，而心理的自由自在更是難以言喻的非凡自由，這個比喻一點也不為過啊！當一個人什麼都有了、什麼都不缺了，而心理是空的、空虛的，還是不自由啊！空空洞洞，不知道為何而活？還是不自在啊！受困於空虛、空空洞洞，此等生命有何意義？不受約束不就是自由自在嗎？不要管我那麼多，我就算自由自在了。我已經很自由自在，愛做什麼就做什麼，愛去那裡就去那裡，我自由的很。在我看來他們是受困在空洞、空虛裡，沒有意義的活著而已。

　　這裡的自由自在不是以上所說的那種膚淺的認知。因為他們什麼都有了，卻無法深入了解生命的

意義，他們的富有是貧困匱乏的——其實是窮的只剩下錢而已，這個窮是——空空洞洞、空虛的心靈，只認得錢其它都不認得。

生命是豐富的多面向的，如果所追求的都已經成就了，那也只是人生拚圖的一個小塊而已，小小的一片罷了。敞開心來好好認識自己的空洞、匱乏，這是探索豐富的開始。當責者——自我訓練深入自我了解，這是很困難的大工程，還是要承擔起來啊！「自由自在」就是儲存在每個人心裡，表示每個人終歸要面對自己所渴望的——真正的自由自在。

第八節

核心開關——富裕人生

　　過著「富裕的靈性生活」，實在太好了，物質與精神都有了。為什麼會變成物質與精神是分裂的呢？很多人歌頌「靈性是神聖而偉大的存在」，這是真的。而「物質是會令人墮落、不上進的象徵」，這不是真的。如果說「靈性」是偉大的存在，那麼，物質就是由偉大的靈性所創造、顯化出來的，怎麼可能神聖性所創造出來的物質變成是不神聖的、是令人墮落的呢？這不是精神分裂嗎？物質本身是中性的東西，超越所謂的神聖或是不神聖，偉大或是墮落，清高或是不清高……等等二分法來看。物質或是指財富，那麼擁有財富便是會令人墮落、不上進？這有可能，但不是絕對的推論，也不是等號。簡單來說，腐敗平庸的思惟才有可能

令人墮落、不上進啊？靈性也是出生思想的源頭，靈性是神聖的，怎麼會生出腐敗平庸的思想呢？這就是關鍵核心了，那些思想怎麼變成腐敗平庸呢？因為有價值憑斷參與其中，所以原本也是不好不壞的想法，因為有給予評斷而有所謂的——好的、壞的等等「標籤」，透過這些標籤而可能去評斷自己或是他人，釐清事實是如此了，能否拿掉那些「二元對立」的標籤呢？這才是問題的核心所在，所以人們的頭腦會貼上「靈性」與「物質」二元對立的標籤，然後自己又陷入自己所貼的標籤裡矛盾衝突啊！有人如果能夠從這裡跳脫出來，不再被自己已經被「標籤化的二元對立的想法」所困住，那真的是無比的自由。

過著富裕的靈性生活——「靈性」本身就是無比富裕無限繁榮，這個宇宙如此豐富，每個人不就是置身在這個富裕繁榮的世界裡面？要不要從這個世界取得多少資源？要不要讓自己在擁有這些財富資源時，能夠警醒自己的所作所為？能不能有能力

在得到財富資源時保持——自己只是暫時的使用者享受者，而不是佔有者執著者？能否實修這些原則而不會掉入「擁有越多執著越深」的陷阱而不自知呢？這才是真正的過著富裕的靈性生活。當責任者——靈性生活——就是有所為有所不為，靈性生活——就是對於物質是使用而不佔為己有的心態，靈性生活——就是不斷地歷緣對境修除習性。靈性生活——就是已經是物質靈性一起運作。靈性生活——就是簡單、專注在自己的內在。

第九節

核心開關——實現理想

　　有人對於理想是念茲在茲，拼命地往實現理想努力不懈，常常被當成傻瓜認爲他太執著了，有時候堅持的很可愛，有時候固執的很要命。對他而言，實現他的理想就是他生命的一切，如此奮不顧身的精神，理想不成眞便成仁，這裡面有巨大的熱情與使命支持著他義無反顧地投入其中，包括金錢、時間、人力、精神等等，有人說「皇天不負有心人」終於成功了，其實是他自己沒有辜負自己。成功故事的背後大概都是這般的過程——堅持、堅忍、不服輸、不輕言放棄、不看輕自己、充滿熱情活力、對未來充滿希望、不求神問卜、只問耕耘不問收穫、只求成功不求名利。總之就是爲了理想可以堅強地一直走下去，直到成功。

這實在太勵志了，太鼓舞人心了，「有爲者亦若是」。這些都是秉持著正面、正確、積極的心態。「用心」、「專注」與「投入」，最簡單也是最困難的三件事。當責者——承擔理想、承擔後果。

　　這個核心關鍵是什麼？「實現理想等於成功」——有理想而且要成功，緣起的想法一定是定位在「這個這麼好，一定可以的」，這個念頭一起，當下就已經創造成功了，後面的過程一定是經過時間因素來完成。當責者——設立目標理想、完成理想、使命必達，這就是核心價值。

核心開關——環遊世界

　　環遊世界是很多人的夢想，其中有什麼意義呢？有很多內心的感受大概只有當事者最清楚，我只是從心理的深層面向來探討一些核心價值所在。對於每個人的價值觀，必然有其脈絡可尋，沒有對錯或是需要比較什麼？了解人性裡有太多的錯綜複雜的——過去、現在、未來——其實是「同時」在運作，所有的事情一定有解答，就是在這裡面。有沒有神跡呢——神明顯現跡象呢？有，是人們自己揭示自己，神明解讀到了顯示出來讓人們知道自己。想要走遍全世界，除了美景美食之外，還可以刺激自己內心深處的感動——那個儲存著過去、現在、未來的記憶體（姑且稱之）會被打開來，而人們可以由心釋放出來一些想法、靈感、創意，這些

是來自於與當地的景觀、建築、文化或是人們相應之後所流露出來的。有些人是在找尋某種熟悉的感覺，或是幸福快樂感。這就是重點所在了，可以刺激觸及自己的內心世界，這是有為而為的人，知道自己要什麼？在經驗什麼？

「走馬看花、到此一遊」的人，他們是打發時間居多，全部的注意力集中在外面的景色，「哇！好美哦！好漂亮哦！！！……」，就是驚嘆不已，然後打卡分享照片。沒了。這群人想要的只是「我有出國旅遊」，在乎的是「有出國等於有增廣見聞」，經年累月「收集」出國次數、「累積」出國點數，算是替世界各國增加觀光收入，他們貢獻良多。這是有能力者的消遣娛樂方式，打發時間的方法。不過這也很耗體力很累，如果不趁著還能走路時趕快去做，到了一把年紀時走不動了，這項娛樂就必須中斷。

有人說「我辛苦了一輩子，退休了再不出國去玩玩犒賞自己一下，我會很怨。」這又是另外一種

獎勵自己的想法。每年長假期間就有滿滿的人潮湧向世界各國，對自己好就是出國旅遊。有人拼命拚業績，爲的也是免費出國旅遊。到世界各國旅遊便成了「犒賞自己」的最高境界，高級獎品，可見多數人是喜歡這個享受的，拿到出國的獎品是很能刺激業務成長。

促進人文交流、視野交流、經濟交流、社會交流，無論是從那個角度來看都是好的，在更深的意涵是——情感交流，對於「世界一家」是有助益的。環遊世界的核心價值是——走向世界，開拓生命舞台。當責者——擁抱世界，走在時代的前端，開發成功。

第五章

當責十個從心管理

第一節

領導力的展現

　　從管理一個人開始，或管理一個家庭、公司企業組織，或大至國家；都需要有「管理能力」，人人都需要從「學習自我管理」開始，最常聽的人性——像懶惰、驕傲、貪婪、放任、懷疑、瞋心，這些是根深蒂固的習慣、執著，還是讓很多人拿自己沒辦法，拿別人無可奈何！誰都知道這些人性是約束不了，很難管理的，再怎麼教育、激勵，用盡方法還是效果有限、問題層出不窮，很多人不斷的從事相上面來解決問題，但卻無法改變人性裡負向思想所釋放出來的能量。懲罰的結果是兩敗俱傷，受罰者居於被動式表面接受處罰，內心不能真正的承認、擔當起是自己的責任時而變成受害者，由此受害者意識產生怨天由人、瞋恨、報復等等這些負

面能量，有些是當下直接反射出去給懲罰者，同時大部份能量是儲存在受害者自己內在，在往後兩人互動時會繼續慢慢釋放，或者會投射在其他人的身上。

因為貪得或是比較心，想從特定人或外在的世界得到自己的需要時，包括認同、肯定、愛、了解，名譽或有形的財物，得不到時，因為驕傲的習性油然而生的——受傷的感覺也會延生出受害意識，產生忌妒、不滿、憤怒、批判、責怪他人或自我貶低的能量，這些負向的能量會持續像滾雪球般越滾越大，累積到一定量時會爆破——導致於損人不利己。若從人性裡的正向思想企圖改變，或包容——「放任、我慢、懶惰、叛逆、桀驁不馴」等等習性，習性較輕者經由適當的教育、潛移默化可以產生效果，積習較重者是難以管教、束手無策，在組織裡是以懲罰、開除為最後手段。而個人對自己的習性經常是知易行難，有些人甚至自暴自棄、

放棄自己做出害人害己不可收拾的局面。人性的光明面猶如天使般、黑暗面像魔鬼一樣難纏,所以不論自我管理或管理他人,都常常會陷入內心百般掙扎。

　　從真心管理、靈性管理,這是超越人性的習性,以更高的層次來思惟人在表相問題之下——隱藏著連當事著自己都是無從覺察的真正狀況、或者知道而連自己都沒辦法改變的習性,因此會有更多的耐心、慈悲心給予教導。那個更高的存在層次就是真心或稱靈性——是每個人皆有的,具平等性、互相連結、無私的、無遠弗界,好比你想念、思念某個遠方的親人朋友,那個真心會跟對方相應,就在那當下,對方的電話就來了,你以為是「好巧」,事實上是彼此心心相應、互相連結,這是超越時空限制、無遠弗界。多半時候真心彰顯它的力量或作用,是讓你驚鴻一瞥覺察到,或緊急事件時靈機一動,或恍然明白某件事,或突然記得了忘記

的事、知道東西擺在那裡，看到遠方災難會不自覺默默掉淚，等等，這些都是「片刻」明顯的展露，而眞心其實是始終分分秒秒與每個人同在，在每個人內心深處，因爲平時不易被人的頭腦覺察到，才稱之深處。經過訓練之後，可以輕易而且時時運用自如，行、住、坐、臥這都能處於那個狀態——可以全面性的、慈悲爲懷、接納習性的存在，以不偏不倚的方式，在不打壓亦不放縱，既不濫情亦不無知的心態，適時地有智慧解決事情。

第二節

從心管理的真諦

「自我管理」意味著：很明確知道自己想要的生命景象是什麼？並且承諾完成它，在這個過程需要承擔責任，成為當責不讓。督導自己運用時間專心在想做的事上，伴隨而來的是要超越自己的習性、潛入內心世界與自己溝通、鼓舞自己、賦予自己力量。所以，要成就自己什麼樣的生命？意圖很重要。

「意圖」，它是指個人純粹的意圖——包含意念、願力、企圖心。外在世界尚未彰顯成果之前，一定是先有意念的形成，如果能在心靈具體化這個意念，也就是刻意的加強它、形成一股願力，生命的軌道會一步一步的朝向景象圖，任何生命想要經驗的都會創造成功。首先，自己的意圖要清晰、真

誠、單純、篤定、天眞無邪，意圖就是反映每個生命想經驗甚麼的意念。若從結果來檢驗，還未成就的事，有兩種狀況：如果不是自己想要的經驗，就放下。如果是自己想要的經驗，需要用心檢視哪個環扣需要修正、調整。多數人不單純，想成功不想付出代價，想快速不想按部就班，想收穫不肯播種，想成就卻不願承諾、投入、專注，這些都是妄想，是自我衝突、矛盾的能量，怎麼可能成功？

　　所以，架構心靈的意圖與景象只是初步工作，接下來的才是實踐之路，在實踐過程，老老實實的一步一步來是很重要的，想一步登天只會讓人粉身碎骨，「輕易之道就是老實之道」，烏龜雖慢還是最快到達終點。

當下，了斷因果循環與受害者意識

　　只有「當下」這個片刻、刹那，可以「選擇、表達、決定、執行、調整」。而頭腦的機制裡，在這「當下」之前，所儲存在頭腦裡的「過去的」記憶、印象、感覺，並沒有眞正的過去不存在，它們是同時在當下存在著，一直左右你無法全然活在當下。再加上還沒有發生的「未來的」想法，也同時在當下存在著。所謂「過去、現在、未來」都是同時匯集於當下、此時此刻，同時糾纏不清互爲因果循環，這就是沒完沒了的「心理時間」束縛。人不自覺成爲自己「心理時間」的受害者，因爲受害，編織而成的「受害者故事」——導致人們受苦、沒

有創造力。積習已久的受害習性，像隻怪獸根深柢固的盤踞生命底部。

　　「因果」循環，就是「心理時間」循環。比如：「昨天」被老闆訓話，你很不爽，而你並沒有講清楚你想要表達的事，「今天」看到的老闆，他已非昨日的他，可是呢，心裡的不爽還是存在的，面對他時的心態還是不爽，老闆今日甚麼也沒說沒做，今天的你不爽，你就成為老闆的受害者。而你今天不爽的情緒，有可能導致做事出差錯，你要不就是自我責備，要不就是責怪他人，這就是「受害者故事」。昨日的因，成為今日的果，今日的果又變成新的因，然後又創造下一個新的果，如此「因果循環」、沒完沒了呀！如何處在「當下」了斷因果，就事論事，不被過去的經驗或情感所牽拖，或被恐懼的心理作用所控制，而能「當下」清晰、明朗、洞悉事情的原貌呢？

第四節

從「真心」「賦權」自己與他人

「賦權」——能真正賦與自己是有能力，這是從真心油然而生的，包含信任、鼓舞、支持、肯定。自傲的人必然瞧不起他人，同時會自貶、也必然貶低他人，「自傲自貶」都是非中性看待自己、他人，內心是在兩邊擺盪的、互相拉扯的矛盾、衝突。這會消耗自己的能量，同時也養成不講真心話，久而久之會隱藏很多對自己與對他人的批判而變成不真誠。

面對自己最難，難在哪裡？一個人如果驕傲習性很重，他會自以為完美主義而沾沾自喜，其實，那只是偽裝的驕傲，他是不能接受自己有不好的面

向，「經常挑自己毛病又不敢讓自己的毛病曝光」，暗地的能改變最好，但是改不了時又自我譴責。絕對不能當眾真心承認「自己有錯」、「自己有不足」、「自己有疏忽」、「自己偷懶」、「自己不夠自律」、「自己不負責」。怎麼可以真誠表達自己的不足？這就是承擔不起自己的一切——包括好的、不足的，自己沒有擔當、沒有承擔，也無法真正賦權他人，因為他也無法承擔別人的好或是不足，而他也經常挑別人的毛病，如此心態是證明「別人也好不到哪裡？」不但可以自我安慰，也以別人的不足來掩飾對自己不足的自卑。不接納自己、他人的不足，怎麼可能真正的鼓舞自己、他人呢？還有自卑就表示還沒有接納自己，也會因為自卑而擺到另一邊的驕傲。

自我譴責：隱藏驕傲的習性，意味「我這麼好的人！怎麼可以改不了！」「我懂得自我反省，我錯了，我在懲罰自己。」當眾「自曝其短」，怎麼可以呢！那不是輸光光，沒有裡子沒有面子嗎？這

就是驕傲的面目。做的好的時候，表面自信滿滿而內心是空的，因為隱藏著不眞誠與不足感，經常挑剔自己、評斷自己與他人而不敢曝光，哪會有眞誠滿足呢？

　所以，透過了解——既然是人就有人性，不要打壓或漠視、否認，平等心看自己與他人。從了解、曝光、承認，自然會從中轉化、往正向發展。打壓或漠視、否認它的存在，它並不會憑空消失，只會讓它暗地操縱你的生命。而放縱它餵養它是缺乏正確的認知與自律，如此的生命也不可能成功、幸福。

責任性原則——當責態度

　　多數的人都是從自己的習性、我執與價值觀裡去看別人——這裡對、那裡錯，一直都認為「自己的想法」才是正確的，除非一個人能淨化自己到相當程度，否則彼此是「以盲引盲」，最終是各說各話、無解。

　　首先，「當責者」——理當為自己的生命承擔百分之百，為自己而說而做，不掩飾、不推託、不自責、不責他、不抱怨。不成為他人的受害者，承擔起自己是創造者的角色，也就是從主動的創造者的心態，來思惟可以為自己做甚麼？自己想經驗甚麼？怎樣創造自己的快樂幸福？在每個當下、每個狀況中可以選擇是「受害者」或「創造者」的角色？決定權永遠在自己手上。「選擇」跟著舊習

性，必然重複舊有的模式結果。承擔「選擇」的責任就是當責的態度。

「當責」——有不可抗拒的外力阻撓出現，不推諉、不輕言放棄，或未盡全力而敷衍了事的態度。過程中盡心盡力完成自己的承諾，最終結果能否滿足、符合自己或別人的期望，放下這個成敗、得失心。坦然臣服結果，背後必然有珍貴的禮物。

「當責」——是每個當下表達自己，用心聽別人的表達，彼此了解各自的想法、感覺，從過程中協調、往雙方共同的目標找到往前的動力與方向。若「堅持己見」、「一意孤行」，其結果也要「一肩扛起」、「一人承擔」，絕不能事後東怪西罵，找人當代罪羔羊；而另一方無權決定、只能配合完成者，其結果可能如其所料，也無需幸災樂禍、看好戲的心態數落人。

從此刻開始，對生命的意圖是甚麼？想經驗甚麼？永遠可以從新、從此刻開始，不必再背著過去不放了。

第六節
真誠與自我欺騙

　　沒有真誠，就落入自我欺騙，久而久之就變成虛偽、說謊、欺騙人。這一連串都是自動機制在運作。掩飾自己的缺失或是習性——貪圖財、色、名、吃、安逸、面子、形象、好人、快速、便宜等等。其他像瞋恨、愚昧、驕傲、懷疑等等，這些是多數人不敢讓它們曝光，或是不知道自己處在那個狀態——深受其干擾而不得自由。曝光意謂承認自己有此習性、缺失，真誠表達會讓不舒服的能量釋放，道理很簡單，因為人是排斥這些習性的，越排斥越想隱藏，而越隱藏越漸漸遠離真心、真誠，活在假相的自我感覺良好、自欺欺人。表達只是在陳述自己一時之間處在那種狀況，不表示「你」等於「習性」，真正的你遠遠大過你的習性。

選擇為自己而表達、不閃躲、不自我欺騙，這需要練習與時間，能真誠展現自己才是蛻變成長的開始。剛開始學習曝光會覺得丟臉、尷尬、窘態、很糗、好像被嘲諷被瞧不起、等等，恨不得挖個洞躲起來，這些感覺是驕傲的習氣受挫後的反應而已，會過去的。好比被指出表現不夠好、有錯時，驕傲的習氣會惱羞成怒或是抵死不服，防衛機制啟動而默默抗議，或是冷寞不答，這些現象都是在我執即將瓦解之前的抵制。真誠是需要極大的勇氣才能超越驕傲的自我保護層。

真誠是對自己的感覺想法不隱藏、當下承擔、承認這些感覺思想，而這些想法感覺不需要捉住它，看著它們像浮雲般來來去去。

當責管理——創造者非受害者

　　主動、積極採取行動者就是創造者，當責管理
就是創造者，一個領導者的角色，就是一個往目標
前進的創造者，也一定是帶動者——帶動大家一起
創造。如果不承擔即有可能變成抱怨受害者。當責
管理，面對員工——識人不清，不知其能力不足而
沒有適時的調整，當他無法創造他的位置上應該有
產能時，礙於各種因素沒有即時變動，如果因此而
導致公司的損失，當然是管理者的責任。面對員
工——所有的人際關係，其中複雜的人情利益糾葛
不清，若是管理者的分際分不清楚，必然深陷其中
而看不清任何的問題所在，當然是管理者的責任。

先管理人，管好了人，再來管理事，掌握業務完成
目標為原則。

成功與渴望是環環相扣

　　生命輕易之道在於懂得從心自我管理成為「當責」，當然承擔生命、工作的責任，並能賦予一起生活的人或工作夥伴有充分的能力、訓練他們也成為「當責」。「當責」與「賦權」是意識成長必備的心態與認知，「當責」是比負責任更有力量的自由，從眞心擔當起自己的生命為基礎，不逃避、不推諉、不自責、不責他、不自貶、不貶他，眞誠面對「眞實的自己」。以「我是創造者」的角色，創造自己想要的人生，並能與人共同創造，小至一個家庭、公司，大至一個組織、或跨國企業，享受其甜美的果實，發揮個人的影響力，造福人類。

　　這是一個資源豐富、充滿無限生機的世界，每個人都能夠就自己的專才、天賦展現自己，以「更

敞開的心接納彼此」超越人的習性，放掉——
「我」是這個世界、這個環境、這個家庭或是某個
人的受害者的心態。每個「當下」都可以重新選
擇，了斷糾纏不清的「對、錯、是、非」，為自己
與他人創造新的開始，新的選擇，新的關係；有勇
氣與決心跳脫舊習性、舊模式，為自己與他人共同
的願景與理想，一起從真心出發、創造理想美好的
未來。

第九節

化繁為簡化暗為明

　　如何將繁雜瑣碎的事情變成簡單可行，沒有理由可以簡單歸納的事變成支離碎碎，動用頭腦想想辦法，這就是效率，管理大家一起有效率做事，可以激勵大家一起想想辦法，他們想不到辦法，當責管理者一定要使命必達發揮創意。

　　如何將「看不到」「藏匿起來」的事件曝光，這些暗地裡作怪的人事，就是整個團隊看不到的無形壓力——包括關係不合、流程不順、業績不好、產品品質不良、各自推卸責任，等等，解除之道就是「拆彈」——化暗為明，當機立斷，越拖越難處理。當責管理——要有覺察力——能夠洞悉「未爆彈」在那裡？立即行動的決斷力。

　　「化繁為簡、化暗為明」，這個心思是細膩又

機警，可以說是「照顧細節」的部分，要有耐心與
毅力。

第十節

當責願景成功非凡

　　願景就是「希望成真的景象」，「願望成就的景象」，「願意創造的景象」，「願力造就的景象」，所以呢，很清楚的知道自己或是管理者——他希望的是什麼樣的未來發展？他願意創造什麼的個人生命藍圖，公司願景圖？他有願力，發願——成就自己、成就公司。當責願景——必然是發揮自己的管理能力，幫助團隊夥伴一起完成個人工作的願景，完成這個任務就是完成公司願景。目標有分短中長期可行的目標，完成這些目標的任務就是要完成願景，「願景圖」——好比是一張設計師在施工之前所畫出的藍圖，將來施工時的依據，「目標」就是把施工的發展方向、完成的時間——設定成短期、中期、長期。所以在畫藍圖時要容納進

來——整個未來將要成就的景象，可以是理想的、可能的、前進的、實驗性的、實際性的、想像的...，全部融合在一起，這就是說未來發展的景象。

　　當責願景——管理者要傳達什麼給自己、工作夥伴及公司呢？這是理想的方向發展，執行的過程就是不斷調整心態及方法，目的就是為了完成當責管理願景。

第六章

當責十年一生幸福

你真的想幸福快樂嗎？

　　沒有人會反對「生命中最重要的事情就是幸福快樂」，但是又有多少的人是把這個當作是優先的第一目標去做呢？有人說「等我工作、事業穩定發展之後，我可以有多一點時間多一點錢，可以好好陪伴家人。」「等我退休之後，我可以做很多我愛做的事。」「等我小孩長大一點，我可以有時間去做我想做的事。」，可以列一大串名單。你在等待時間、等待金錢、等待小孩長大、等待退休，等待「未知的未來」實現你的幸福快樂？

　　你真的「想」過你真正的幸福快樂是什麼嗎？如果你清楚的知道自己的幸福快樂是什麼，就當下去行動吧！先滿足自己的需要，你才可以有滿滿的能量可以去做任何事情。

你可以付出多少代價？

　　爲了自己的幸福快樂，你可以付出多少的代價？時間、金錢、耐心，最重要的是先改變你的想法——立即去做。這個代價，你願意付出嗎？

你的幸福是終極目標？

　　如果把自己的幸福放在最後目標，這是本末倒置、顛倒妄想。幸福感是一輩子都可以經驗到的，分分秒秒都存在的，你可以跟它一直相應。

第四節

你可以一個人幸福嗎？

　　一個人可以幸福，不需要其他的人，有其他人的存在，你一樣可以幸福。先要知道並且做到「一個人可以幸福」，至於有沒有其他人，真的一點都不重要，不是他們不重要，而是幸福已經跟你在一起了，不是他們跟你在一起，幸福才跟你在一起。

當責十年財富自由

工作是可以賺錢

　　工作的報酬、回饋就是金錢，「工作」與「金錢」之間就是這樣簡單的連結，如果你認為回饋回來的金錢數量不夠多，你的工作是大量的＞回饋的金錢數量，你認為是賺的不夠多，只要我把工作量再提高——加班、增加第二份工作，那麼右邊的金錢數量就會提高，理論是這樣，你左邊量的增加恐怕已經超過你能負荷的程度，而且右邊回來的數量可能不成比例。這樣的話，你連原本的工作也可能被影響。首先要在原本的工作上做一些檢討，從專職上檢討自己是否已經全力以赴，充分發揮自己的能力？而且有持續的熱情在，如果有表示動能是足夠的，如果沒有就要想辦法改善自己的條件——加強專業技術能力、找回熱情，或者是檢查其他因素

的影響，像是人際關係有沒有不良？上下工作夥伴溝通協調有沒有問題？在自己的專職上能否提高品質創造升遷、加薪？或是業務者創造業績增加？為公司增加產能、改善品質？再者根本不適合目前的工作？從這些做根本的改變，讓工作的品質提升，從「質」改善，不是一昧的增加「量」，品質改善，自然而然回饋的金錢數量增加，然後會增強工作的意願與動力，做事態度方式跟著改變，如此產生良性循環。

從工作中所獲得的報酬，稱為「賺錢」，賺不到錢一定要好好檢討「工作內容」，這才是真正的問題所在——改善自己、改善關係、增強能力、找回熱情。經營者首先「改變頭腦」——改變自己的想法，成為具備經營管理的領導人。都是先從自己本身下手，經營管理者的基本價值——公司若是不能從經營團隊中獲得足夠的報酬，稱為「利潤」，那麼公司存在的價值何在？讓公司持續發展成長是良心事業——是對得起自己與員工的責任所在。同

樣的，個人從工作得到足夠的報酬回來，是對得起
自己的責任所在。工作的目的可以從中賺錢，其它
的價值所在呢？更是要去面對的——像是成就感、
滿足感、安定感，這些心理上的感受是支持「超
越」現在的動力所在。如果缺乏這些元素，就沒有
工作的願景，工作會是「度日如年」的煎熬啊！即
使賺到錢了，只是成為賺錢的機器人罷了！工作的
本質就不存在了。

賺錢後一定存錢

　　從工作所得的金錢，無論金額多少，一定要養成一個習慣——從中撥出一定的數量去「存起來」，剩下的才是生活所需或是支付其他的費用。金錢的本質是流動性的工具，不是流到這裡（花這個錢），就是流到那裡（花那個錢），必須在它還沒有流出之前先留下一些，否則等它都流向四處，你存不到它了。留下一些數量，無論多寡，目的是「養成習慣」，而這個習慣會帶來未來的享受，因為有這樣的目標，會同時帶動自己工作的動能，「積少成多」——這些金錢會是回饋自己工作的紅利。「存錢」是一種心態，把「存錢」當作是一項每個月要「固定支出」的項目，這個項目是什麼呢？「延遲享受」或是「未來消費」，這是「存錢

現在、投資未來」。不是基於害怕沒有錢而存錢，是基於投資未來的消費，或是投資未來的享受。不同的觀點會有不同的心態，當今的存錢買到未來的希望。

第三節

存錢是為了養錢

　　每個當下的存錢都是為了養更多的錢——以錢養錢。用人來工作賺錢，是第一步，然後一定要存錢，是第二步，之後就是要以錢養錢，是第三步。存錢到一定程度之後，就是要將這筆錢拿去投資——用錢滋生錢，就是以錢養錢，小錢養到大錢。到目前為止，「這三步曲——賺錢——存錢——養錢」，一直線的流程持續進行中——定期定額存款，自己設定在某個數字，然後達標之後，拿去投資來養錢。其實還有一個濃縮的「二步曲——賺錢——存錢同時養錢」，目前這樣的管道是既方便又簡單，因為在此談的是心理層面的問題，並不是建議投資管道，如果在心態上或是腦袋的想法先改變了，才需要有技術層面的考量。否則講再多投資

的技術問題都沒有益處。

第四節

養錢的目的花錢

　　養大到某個程度的錢之後，當然可以繼續養錢，但是有需要享受一下生活，可以就這筆錢拿部分或是全部，任由各人作主去花錢，學習去花錢；把錢花在會讓自己開心滿足的事上，養錢的目的是學習花錢，因為生活所需的費用都已經固定在支出，而這筆額外養出來的錢，是要讓自己充份的去經驗「金錢」所帶來的滿足感。學習去花錢，這是什麼意思？通常人們花錢花錢再花錢，可能買了很多的東西，到最後都覺得多餘的，就像衣服一樣，買了很多衣服裝滿了衣櫃，可是怎麼穿卻都只是那幾件衣服，所以才會覺得衣櫃裡永遠少了一件衣服。怎麼去買到適合自己又喜歡穿的衣服，那才是花錢的意義。同理，其它的東西也是一樣的道理。

學習花錢，買到自己喜歡的想要擁有的東西，那就彰顯金錢帶給你的喜悅，與金錢帶給你的的價值所在。你享受你喜歡的東西，就是透過金錢換來的，金錢是媒介——可以換取很多很好的經驗，這是主觀的價值。所以，透過金錢、花錢去換取對你而言是重要而且是有意義的生命經驗，這是個別化的選擇，根本無法跟別人作比較。

花錢去充份經驗自己喜歡的事或物，再從經驗中得到滿足、喜悅、成功成就，這就是投資自己提昇自我價值，我可以定義是「投資」而「非消費」，因為投資自己去經驗這些之後，會再啟動更大更多的動能去工作，而會拓展工作的品質與業務，蓄積更多的生命能再創造更大的事業發展，或是賺更多的錢。消費是使用完了就沒有作用，投資是有作用的——包括有形、無形的回饋。投資自己的方向有兩個面向——改變想法，提高動能。重點是人們並不知道自己的想法那裡需要改變？如何提高動能？這是翻轉生命中最重要的關鍵。

第五節

花錢之後再賺錢

　　花了錢還是持續再賺錢，這裡要談的是「花錢的心態」，擔心花錢的基底是害怕沒有錢，而明明有工作有存款為什麼還要擔心沒有錢呢？天天工作天天有賺錢，錢會一直進來，「只要有工作，不怕錢不來」，重點放在「想要工作」，而想到工作，重點放在「做什麼工作，可以比較喜歡、開心」。一提到賺錢，一定是想喜歡做什麼事？專業是什麼？喜歡做而沒有專業，先要培訓專業能力，接下來進一步釐清所做的事的可行性評估，及未來性如何？這是自行創業更要思考的。固然工作不分貴賤，還是要分析自己的能力、專長，重點放在「即使有能力、專長，依然要求自己持續進步、提昇成長」的態度。有沒有天賦能力這個因素影響也很

大，可以在學習上佔優勢，但是有天賦又自以為是、狂妄自大，就算天賦能力能加分也是有限，如果又加上很懶惰，其實是沒有加分甚至減分。

花錢是——「養活自己、養好自己」的必學功課，學習花錢的基本功夫就是學習：「養活自己——足夠金錢」，進一步「養好自己——養的健康」，先要活下去再來活的健康。

「工作報酬——賺錢」之後：第一件要做的事「養活養好自己」——學習花錢。第二件要做的事「一定要存錢」——學習理財。第三件要做的事「養足夠的金錢」——學習投資。第四件要做的事「學會如何花錢」——學習愛自己。這是「賺錢、存錢、養錢、花錢」整個連動關係，其目的就是「養活養好自己、一定要存錢、養足夠的金錢、學會如何花錢」，中間的意義是「學習花錢、學習理財、學習投資、學習愛自己」。

第六節

賺錢就來自工作

　　上班當員工，創業當老闆，無論員工或是老闆都要有「工作態度、工作能力與工作道德」。從喜歡與否的態度來分：如果是做自己喜歡的事，態度上絕對是正面居多。相反，做自己不喜歡的事，態度上是負面居多。態度有顯性的，可以馬上查覺出來，隱性的一般人根本不知道，而隱性的態度只是還沒有顯現出來而已，其實都是態度問題，這一方面的態度問題不在此談論。這裡要談的「工作態度」，講的是「用心做事、用心經營」，員工不用心工作——結果是被動離開或是主動辭職。老闆不用心經營——結果是被動關閉或是主動結束。「用心」是一個統合很多對的心態的結果呈現，不用心就是結合很多不對的心態的結果呈現。當然也是有

不用心的員工與老闆繼續維持工作或是營運。我要講的是，做人做事要本著良知良能的基本原則，在此原則之下還需要具備正確的工作觀念，這才是真正的用心做事的態度。

「工作能力」是專業的技術與服務，服務是包含在工作能力之內，有技術沒有服務精神，工作能力不足，有服務精神沒有技術，也是工作能力不足。這是「技術與服務」二合一的事，缺一不可。既然是工作當然是「專業工作者」，成為一個專業工作人員，這是一個員工的本份。而經營事業當老闆，需要具備「專業的經營者」的能力，還要訓練員工成為「專業工作者」的能力，這是二合一，缺一不可。如果缺乏其中之一，也是老闆的工作能力不足的問題。當然也有只是出錢當老闆的人，他需要有錢出資，用對一個專業的經營者，也是二合一，缺一不可，否則還是老闆的工作能力不足。至於更大的股東公司，這個是集合很多老闆的資金，由專業的經理人來管理，專業經理人的工作能力包

含——本身就是專業經營者，管理的範圍更廣泛也更深入。

　　「工作道德」是基於做人的良心，違反良知良能的事不能做，爲了得到你想要的利益而做了損及他人的利益，將來要付出代價的，時間到了就必須承擔後果。

金錢透過我流動

　　從上面的金錢流動的現象——「賺錢-存錢-養錢-花錢」，金錢是流來又流出，流出去又流進來，流進來又流出去，這就是「金錢透過我流動」。有句臺灣俗話說：「錢四隻腳，人兩隻腳，你怎麼追也追不到的」就是最好的註解。而「我」是可以成為主動而有意識地來「管理金錢」，而不是去追逐金錢。

　　管理金錢，首先要認識金錢：是中性的工具，是用來交換生活所需或是滿足慾望的有憑有據的媒介。擁有金錢的多寡是決定於個人有意識或是無意識的主觀認定，跟任何人或任何能力都沒有直接的關係。管理金錢是可淺薄或可深入投入，這也是個人決定的，就像是否要管理健康一樣。再來就是要

知道自己的金錢觀哪裡有障礙？是金錢的追逐者？還是金錢的受害者？是有能力的「金錢的管理者」？還是沒有能力的「金錢的管理者」？這些都是非常深奧的問題，也是個別化的。重點是：如果你缺錢，如果你工作不順，如果你投資失利，如果你沒有錢想要更多的錢，如果你想要做的事你沒有辦法去做，如果你的關係裡一直為錢爭吵不休，如果你有錢還是害怕花錢…等等，如果有這些現象，表示在「金錢」上面是有心理障礙。而心理障礙未解除之前，管理金錢是一件困難的事。

怎麼管理呢？在這之前所談的都是管理，而且是實踐、實現之後再整理整合出來的內容，從心理層面下手去處理障礙，實際操作是輕而易舉的。

第八節

自由花錢花不完

　　認眞思考：「一個人一生的生活所需及欲望的滿足」到底需要多少錢？如果一個人一直在做自己喜歡的工作，從工作而來的報酬，絕對可以養活自己。而且是自己喜歡的工作，爲什麼要退休不工作？不用退休表示做到老都可以有工作收入，那麼怎麼可能缺錢養活自己？而且人活越老，欲望是逐漸降低的，生活變得簡單。重點是：人是不需要退休的，前提是做自己喜歡的事。就算退休了，沒有爲自己存很多的退休金，依然可以做自己喜歡的事，能從中獲得報酬，養活自己絕對是可以做到的，而且是自由花錢還花不完。

　　如果你想要背負子孫，養育他們，那就另當別論。這個牽涉到家族成員的關係，人們的深層意識

裡跟家人之間有太多錯綜複雜的因緣果報，有很不可思議的互動關係，而且是呈現在金錢的糾纏上。這些個案各個不同，當然有解套的方法，但是不在此討論範圍。

第九節

花錢自由心無礙

　　花錢不自由是受制於恐懼感，生存的危機感，任憑再多的道理也是解除不了心理的障礙，人們以為道理可以無所不能，錯了，行不通的。就算讀了無數的書——「教你賺錢、教你理財、教你投資、教你置產、教你如何又如何……」，你可能賺到錢了，置產又會投資，很成功地累積財富，甚至還可以分享給大眾你的成功致富之道，這些都很好。可是呢，人們心裡的恐懼感是無法透過這些財富來消除的，因為你以為「因為沒有錢所以才有生存危機感」、「因為沒有錢才有恐懼感」，所以只要我賺更多的錢，買更多的房子，投資更多，我就不會有恐懼害怕了。將「沒有錢」當作是恐懼的原因所在，所以「有錢了」解決了原因，我應該沒有恐懼

才對啊！拚命工作賺錢不就是要保障生命安全？所以賺到錢不能隨便花，因爲這些錢是爲了用來鞏固生存安全的，所以使命的累積更多，希望金錢是只進不出，儘量少支出。增加了財富並沒有更安全啊！心裡掛念著「不能亂花錢」，一旦自己花錢時就會啓動「自我譴責」機制，生活中不可能不花錢啊，長期下來對自己花錢的罪惡感是很嚴重的，即便是合理合情合法的花錢，依然會評斷自己。

從來沒有解不開的難事，要從根翻轉過來才能心無罣礙自由自在花錢，無論如何，「賺錢-花錢」，這是生命中很重要的事情，不要讓金錢成爲障礙生命向上成長的絆腳石，而是要讓金錢成爲生命向上成長的助力。

第十節

財富自由人人要

　　管理金錢可以財富自由，不理不睬金錢，可能破洞越來越大。越是缺乏金錢越是要面對它、理它。不理會它的存在，逃避現實生活的窘境，只會越來越往下沉淪，最後責怪金錢——都是因為沒有錢的緣故，金錢無辜啊！它是你責怪卸責的對象，不是嗎？自己對金錢的態度是什麼？不想管它、厭惡它、嫌棄它，可是想到「有錢眞好」——又渴求它、喜歡它、對它求之不得啊，對它「又愛又恨」、「又渴求又排斥」，眞是衝突矛盾！如此心態怎麼可能留住它呢？這一點都不假，當你不喜歡它時，就會一直無識地把它往外推，推得遠遠的，這是心理作用，而且是無意識地作用，不是頭腦的表層意識可以理解的。

想要財富自由，不受金錢所限制——可以自在地工作賺錢、自由地花錢，當然需要學習如何理財、投資，除了工作所得的收入，還可以享受「用錢養錢」的愉悅。靠自己努力用心工作的報酬，可以養活自己——照顧好生活的需求。再來學習「用錢養錢」所得的報酬，可以養好自己——照顧好自己的欲望。這就是管理金錢，可以完成財富自由，自由自在享受金錢所帶來的豐富人生。

第八章

當責十年非凡成就

心想事成的故事——因緣成熟

　　在 2006 年以前，從來未曾想過要開咖啡店，當時被一家知名品牌的咖啡店的氣氛所吸引，所以經常「浸泡」在那裡，感受到掉入濃濃的咖啡香裡，身心放鬆、很愉悅。就此愛上濃郁的咖啡香與整個環境的情境，對我而言就是享受生命的浪漫。就這樣，接手經營那家咖啡店，這個時候角色不同了，不再是閒來沒事可以坐在那裏享受生命；卻是經驗到「忙著」做咖啡、「急著」洗咖啡壺、咖啡杯，這個時候雖然忙翻了，但是心情是愉悅的，對我而言也是享受生命的浪漫。

　　接下來，再開了第二家、第三家心靈咖啡店，

爲了增加營業額而「全心全意」投入創造「創意料理」，這個階段是湧入了大批來用餐的客人，固然是樂在做餐、做咖啡，但是在忙碌之餘，心中卻有些許感覺——我的熱情與專業能力是在教導心理學，訓練人們認識自己，協助人們解除心理壓力，訓練人們創造一技之長與就業能力，身心靈整合學，從心領導——當責賦權等等與「心理、心靈」相關的項目。約 1990 年開始，我就一直在學「心理學」並且教學心理學，並沒有中斷過。爲了玩咖啡而將我的天賦專長暫時放一邊，經過沈澱之後，我還是將大半的時間放在教課與訓練，而咖啡已經變成是生活中的樂子，雖然如此，不再只是煮咖啡，而且還提昇至烘焙咖啡，一路玩到底，對咖啡了解的箇中滋味，已經從享受浪漫氣氛到開店經營。

　　時至今日——2021 年，與咖啡結緣的十五年漫長時間裡，對於咖啡的註解——浪漫、放鬆、享受。走遍也喝遍全省大大小小的咖啡店，因爲我想

成為自己的老闆
從心思惟新人類

要清楚人們是如何開店？基於我唸商科又有專長本能解析商店經營，又加上我的專業心理學訓練，我會直覺加分析店家的經營狀況，我這個能力常常不幸言中店家的命運，後來再也不去多談什麼，因為希望每個店家都能持續經營下去。

　　至今依稀記得，小時候，我最期盼跟父母回鄉下老家，因為祖父一定沖泡他的「頂級烏龍茶」請大家喝，濃濃的茶香瀰漫滿屋子，而我一杯又一杯來者不拒，尤其是吃飽飯後喝個茶更是心滿意足，人生有茶相伴，真是幸福。茶陪伴我從小到大到現在——烏龍茶、高山茶、台灣老茶，象徵著我的生命歲月的痕跡。啟蒙我喝茶的地方就是我的出生地，古樸的鄉村，當時大家都稱呼「喝老人茶」，我只有小學的年紀卻愛上「老人茶」，真的是與茶的緣份匪淺，從此以後我自然就會自己動手泡茶，一個馬克杯加入少許烏龍茶，陪伴我渡過無數個熬夜的讀書夜晚。進入社會工作後，我開始玩壺，泡茶喝茶對我而言有三層意義，第一：喝茶的悠閒與

自在感，身心放鬆。第二：品茶的滿足、浪漫氣氛。第三：養壺的成就感與沈澱心情。所以，我的「喝茶、品茶、養壺」是三者不可缺的，浸泡在其中就是享受、滿足。對於茶的註解——滿足、悠閒、自得其樂。

當今社會，滿街的咖啡飲料店、文青咖啡館，對我而言就是少了咖啡店應有的氣氛與情境，所以因為懷舊懷念曾經走過的「與咖啡相遇的浪漫故事」，而再度創造了第五家咖啡店，這一次將我的熱情所在的三個領域結合——「心靈、咖啡、老茶」。我一生的摯愛——認識自己，我一生的幸福——享受老茶，我一生的浪漫——濃郁咖啡，我一生的冒險故事——心想事成，這些都是我最想跟人們分享的內容。

我一直都在創造生命願景，為什麼呢？因為我知道創造的意義與價值，「創造」之後必然會「毀滅」，這中間的過程就是創造的「價值」所在；也就是說每一次的創造都是令人興奮期待的，因為即

將展開一連串的冒險旅程，投入未知就是學習的過程，之後就有成長的機會，包括接受毀滅也是成長——放下。而創造的意義是為了成就生命的進步。毀滅的意義是結束之後蓄積能量而後再起而創造。人生就是不斷的「創造、學習、成長、進步」，有無限的可能性，沒有所謂最好的終點站，只有持續的創造，願景是可以沒有上限的想像，是無限光明的希望。

這是近十五年來一連串開創事業的心得，從「奄拉心靈咖啡」開始，一直至今存在的「AMBA身心學學院」，「IPHD當責賦權訓練中心」，「新心人類未來學淨化中心」以及「奄拉心靈咖啡·老茶房」。所有的創造都是源自於過去的決定，在 2006 年的一個意念、景象開始，十五年之後陸續完成了整個拼圖。從無到有的「心想事成」，具體實現了十五年的過程就是「心靈成長課程」，心靈的力量絕對是具體展現在物質世界，不是虛無飄渺、形而上學。「精神與物質」豐富是需

要透過整合平衡左右腦。身心靈是一體運作的，不能頭重腳輕「光說不練」，當然，也不能腦袋空空「光做不想」，知行合一。

生命的答案是需要有勇氣去探索，而且必需要有正確的認知、方法、訓練、驗證等等過程。「知識」永遠都不可能解開生命之謎，「了解、明白」也不等於認識生命，「涉獵廣泛、經驗豐富」也不可能紙上談兵剖析生命。而生命的奧祕——心想事成的祕密，唯有從自己內心去找。天底下沒有不可能的事，猶如沒有白吃的午餐，誰願意付出代價去得到自身的無價之寶，而能生生世世運用自如呢？生命中的任何一件事，無論大小事都能心想事成。

所以，心想事成的故事已經上演無限次數了，而我未來遙遠的理想也必然會發生，無論那是什麼？什麼時候發生？如何發生？這些問題都不是問題，因為一切都會水到渠成，最重要的是「我清楚地知道我渴望什麼？」而能夠一直保持這個渴望，絕不妥協任何的懷疑。

第二節

十五則「心想事成」的奧妙

心想事成之一：我的出生為何而來？

從小開始就自問自己「我是誰？」，「我為什麼在這裏？」，「人為什麼而活著？」，「我的家究竟在哪裡？」，我為了這些問題而哭泣、尋找答案，漫長的成長過程，並沒有忘掉我念茲在茲的生命大事，這一切漸漸的都有了自己的答案，心裏是篤定的，就是了。

「心想事成的祕密之一：渴望之所在必然有結果。」

心想事成之二：北上唸書

　　高中畢業後，原本就讀中部大學，因為離家近又是夜間部，實非我希望的經驗。我只知道想要北上來唸書，那唸什麼學校倒是其次。隔壁家的嬸嬸像是「聽到我的心事」，有天突然告訴我爸媽說「台北有所知名的商專，那裡畢業的學生，各大小公司都會搶著要」，就這樣，我棄大學文憑北上來這所聞名的專科學校唸書。我才不管它畢業後就業的事，一心一意想要北上唸書。

　　「心想事成的祕密之二：敞開心，我的意念透過外在的貴人相助而成就。」

心想事成之三：如願完成終生大事

　　就在適婚年齡，有一天與好友聊天，我脫口說出「如果要結婚，我希望的對象是：一有一技之長，二最好是孤兒，三給我完全的自由行動，四不能讓我當家庭主婦，五尊重彼此的存在。」就在說出這些話之後的半年左右吧，我如願以償，至今我始終過著我想要的婚姻生活。

　　「心想事成的祕密之三：目標明確。」

心想事成之四：JAGUAR 汽車

　　畢業後我曾在一家公司工作，有天，有個廠商的老闆問我：「張小姐，你知道不知道這個世界上最好的汽車是那個品牌嗎？」當時的我對汽車是一

片空白，當然回他「我不知道」，他答我「我告訴你是 Jaguar，不過它很貴，世面上也很少見」。哦！我確實沒有看過，從此以後，我開始留意路上有隻豹的車子。經過二十多年後，我不只開著有隻改良的豹，也擁有一部同品牌的休旅車。

「心想事成的祕密之四：他人的熱情分享，我感同身受，好像我自己已經擁有了一部全世界最好的車子。在那個當下我已經經驗到完成式了。」

心想事成之五：買賣房屋

我從小到大一直在經驗「搬家」，有極豐富的搬家經驗，其實呢，在心理上對於房屋是「喜新厭舊」，每當要搬到新的地方之前，心情是興奮又期待的——又有「新家」了，也因為如此不執著舊的

家（房子），所以，我也一直在經驗「買賣房屋」輕而易舉，不只是自己可以輕鬆買賣房子，也很容易幫助別人輕易的買賣房子。

「心想事成的祕密之五：舊的不去新的不來，放掉對於舊的（人事物）的執著，新的（人事物）才能成就。」

心想事成之六：生男生女

結婚生小孩是雙方的共同意願，我的意願是非常清楚的——為自己與對方生個女兒，這是在初次見面時就有的意念。果然「生了女兒」，而且我只想要生一個。對於自己想要經驗的，可以作主決定，但是牽涉到他人的意願時，勢必雙方要有共識。

「心想事成的祕密之六：與人共同創造時，一定是共同都想要經驗的。」

心想事成之七：生命中的每一件事都有答案

對於任何大小事，當心中有「納悶」為何是這樣時，事後呢，這個問題的真相自然會浮現眼前，一目瞭然。因為每個人都有真心的存在，內在的智慧時時刻刻都運作自如，而頭腦想不清楚的狀況之下，內在的智慧必然有答案，唯有靠混亂的頭腦能夠靜下來，答案才能自然會浮現。

「心想事成的祕密之七：從頭腦的表意識潛入深層意識，讓自己放鬆、靜默，想要有答案一定會有答案。」

心想事成之八：幸運之神眷顧

　　自從會開車，無論在何時何地，都不曾擔心沒有停車位，所到之處就像是為我準備好停車位似的。甚至上下樓梯時，當我雙手都提著大包小包時，要不電梯自動打開，就是有人同時要搭乘電梯順便為我開門，還有不勝枚舉的小事一籮筐，當幸運之神為我而降臨，每一次都是開心的不得了，心中真的感謝萬分。

　　「心想事成的祕密之八：敞開心接受恩典，滿滿的感謝與珍惜。」

心想事成之九：看上的房屋，喜歡的不得了

　　從我多次中實際看屋的經驗，一旦踏入那個空

間裏，第一個印象我便知道是否適合，當我感覺到很多的喜悅與愛的氛圍時，那麼即使有些些的缺失，我都滿心期待住進來，事後驗證的確是很好。可是，一旦出現「猶豫不決、不是那麼開心」，或是貪著某些方便與好處，而頭惱企圖說服自己時，事後證實這個房子是不合適的。我也是經常「看見某個房子」說「這個房子很好」，經過沒多久，因緣成熟就剛剛好租下來，如此這般簡單就租到好的房子，事後確實住的很好。

「心想事成的祕密之九：相信自己的感覺，不要妥協頭腦的貪想。」

心想事成之十：因為開心而擁有、因為放手而失去

曾經我看到滿屋的水晶時，好開心喔，這時只

是純粹的欣賞與喜歡，並沒有雜念。而當我起心動念：「如果我有能力，那麼我擁有這些該多好！」就這樣，隨著時間流逝，而我漸漸的開始擁有這些各式各樣的收藏品，一旦開始就很難收手，有天我看夠了滿足了，我又起念「搬家太麻煩了，還是送走好了。」就這樣又開心的轉售出去了，我已經享受過這些珍貴品，想要放手了，自然而然它們的主人就會出現帶走它們，我是很開心它們找到適合的新主人，失去它們一點也不難過，「曾經擁有就夠了，不會執著永遠守著它們。」

「心想事成的祕密之十：屬於你的，自然而然就會出現；不再屬於你的，就開心的放手讓它們去吧！」

心想事成之十一：利己利人

　　我在國外無意中「接受」一本心靈書籍，回到臺灣之後發現是本好書，我一心一意想到「這麼好的書，應該翻譯成中文，讓更多人來看。」只是這個單純的念頭，我就做起出版社，出版了這本書，連買者在哪裡都不知道，結果是印刷兩版全部賣完。因為各種因素，當版權到期就不再續約。好多年之後，這本書在臺灣成為心靈暢銷書，因為作者已經成為世界知名的心靈導師。

　　「心想事成的祕密之十一：利己利人，合乎真理。」

心想事成之十二：完成任務、使命必達

　　一旦設立目標，就是採取行動往前推進，任何

外在的種種困難壓力，都抵擋不了「心中的決定」。我覺得做人最需要的覺醒就是：「認識自己是誰？」生命中最重要的事情就是：「創造什麼樣的生命？」一輩子的時間不可以浪費在無謂的事情上，所以，「找到自己熱情所在的天賦專長，才能淋漓盡致發展自己的生命」。國中時，看到電視上的「佈道演講者」，當時我的直覺是：「真棒，做這份工作真好。」我的生命很被鼓舞，我喜歡聽別人「說真理」，無論是中西方各種宗教；而今，我已經在這條追求真理的道路上，從「聽真理」的角色變成「說真理」的角色，將近三十年了，每每在「說法」時，最被鼓舞感動的人——就是我自己，我在自度啊！

「心想事成的祕密之十二：為了外在的目標全力以付，其實是完成內在生命的蛻變。」

心想事成之十三：困境即是轉機的時刻

　　打從我開始探索生命，每當出現「瓶頸」時，就有適合當下需求的課程出現，得來全不費吹灰之力。最神奇的一次經驗，當時我自己困在某個情境而無解低落，那天在某條浪漫的街道喝下午茶，突然發現附近有家小書店，對於愛書的我，當然迫不及待進去逛逛。我至今仍然記得在某個書架最下面有本書，我翻了一下就買了回去，回家後我就是翻著跳著看看而已，在最後一頁有課程綱要，就這樣我就直接去上課。奇蹟就這樣發生了，沒錯，這就是我當時最需要的「解藥」，解開了我當時的困境，找到我要的答案。

　　「心想事成的祕密之十三：即使在看似無解的困難中，依然可以創造轉機，生命一定是有解答的。」

心想事成之十四：事事皆是如此

　　所謂的好事或是壞事，都是自己「心想事成」的結果。曾經自以為我只是路邊停個車，買個東西「幾分鐘」就出來了，就在幾分鐘之內，心跳加快忐忑不安，「我一定是被跟蹤了」，否則怎麼可能短短的幾分鐘之內就被開了罰單？真相是我處在「惶恐不安、緊張焦慮」中，果真是創造了「破財」的代價。恐懼感創造了恐懼的結果，生命底層有很多不自知的恐懼，是這些「無明恐懼」造就了所謂的不幸遭遇，一切的原因都在自己的內心深處。

　　「心想事成的祕密之十四：無論是你想要的或是不想要的，都會成功。」

心想事成之十五：無所不成

　　想要什麼就有什麼？這不是祕密，所有的一切作為都是我創造的，要在物質世界顯化出現，需要「時間」，不能急。有時候前一天才說要什麼，隔天就出現在眼前，甚至前一秒才說出口下一秒就成就了。我的生活就是活在「無所不成」的狀態。這意味什麼？我只是對自己的心理充滿無限的興趣，這是我一生最愛的、而且專注的一件事，我投入一生的時間訓練自己並且專注在其中。「心想事成」——是我熱愛認識自己的副產品。

　　「心想事成的祕密之十五：訓練自己聚焦心力在自己喜歡的一件事上，必然成功。」

第三節

人人皆是——
心想事成專家

一、「有意識」與「無意識」的差別

　　清楚、清晰、明確地知道自己在「想」什麼？「想要」什麼，這樣的「心想事成」是「有意識」的創造；反之，若是不知道自己在想什麼、想要什麼，那麼，這樣的「心想事成」是「無意識」的創造。因為腦袋有想什麼，只是不知不覺自己想過什麼而已。無論結果是喜歡或是不喜歡，每個人始終都是在有意識或是無意識狀態中創造自己的生命經驗。

二、創造與欲望、貪婪之差別

因為「有欲望、想要」而採取一連串的行動去完成，這是「有意識創造」。欲望可以永遠只是欲望而已，而有些欲望雖然沒有有意識採取行動，可是無意識狀態中已經做了什麼，只是沒有覺察而已，這是「無意識創造」。貪婪是屬於非法之想，侵犯、掠奪他人的財產、利益、權益。或想要不勞而獲得到自己想要的，基於此不正確的心態而妄想成真，這是要付出代價去承受的。

三、創造性原則

創造性原則是以自身的意願與力量去完成目標，或是與合夥關係有共同的意願一起完成任務，不能夠違反他人的意願而自行決定。

四、「心想事成」不是「憑空想像或是不勞而獲」

　　心想事成是需要很務實的態度與做法，有驅動力，及其它因素才能成就。絕對不是天馬行空、胡思亂想，那是妄想，光有妄想是沒有用的。

五、心想事成的真諦——有意識的創造

　　這是每個人都具備的能力，差別在「有沒有能力」用出來，「要不要」用出來。處於同一個地球上的人們，多數人「得不到」他們基本生活所需要的，因為他們受限於種種先天與後天的束縛。有人有此能力只是沒有用出來而已，有人有此能力將它用出來。「心想事成」的真諦就是——有沒有能力可以用出來。而為什麼只有少數人可以用出來呢？這就是生命的奧祕所在。

六、心想事成的意義——創造光明的未來

　　生命朝著「有目標」的方向邁進，不只是滿足生活的需求，透過目標同時在訓練自己不斷努力磨損人性的——偷懶、不負責任、驕傲、等等習性，而更深一層的意義是「有目標才有光明的未來」，因為人性中的墮落面——無意義、自我毀滅，這些虛妄不實的妄想卻會障礙一個人創造有意義的未來。一旦掉入無意義的陷阱裡，過著行屍走肉、了無生趣的生活，如此的生命形態就是一點一滴累積走向自我毀滅的道路。有意識的創造未來，結果即便是不甚滿意，至少努力付出的過程是值得期待，還有從中得到學習的價值。

七、心想事成的正確態度

　　「心想事成」是以一種正確的心態在生活而已，不是要證明白己了不起、炫耀，是要打從心底

正視自己的想法、渴望，其中包含成就自己的夢想——而活的有價值。生命的價值不再於累積了多少財富，而是「增長了多少的智慧？」生命的可貴在於努力的過程中「少了多少的執著？」心想事成或是心想事不成，重點在於從結果的成功或失敗來反思：能否從過程中自我觀察有沒有「增加智慧、減少執著」？

第四節

心想事成——結語

　　從「無意識創造」到「有意識創造」，這是很漫長的「自我淨化」旅程，換言之就是：「覺醒，認識生命」。一般人能認知到自己的觀點、想法——這些都只是存在表面意識；「表面意識」大概是佔意識的百分之五左右，其餘百分之九十五的意識，是不容易覺察到的部分，泛稱「深層意識」。「覺醒」意謂：認知的能力能夠從表面意識「往內、往深」探索深層意識有什麼？因為每個生命個體的發展，絕對不是從那百分五的部分來「認定、判斷」，而是由百分之九十五的深層意識來決定的。這就是為什麼「人人都想要心想事成」，每個人的表意識所認知的「當然想要心想事成」，可是多數人為什麼做不到？因為無法認知到的百分之九

十五的深層意識裡：各有各的差異想法、制約與習性，可是人們還是依靠自己表意識的認知來判斷別人的成功可能是學歷、能力、背景等等原因。

當然是深層意識的力量大於表面意識，所以，心想事不成的真正原因就是在這個深層意識層面運作的結果。覺醒是為了了解自己生命的深層意識到底有什麼信念、限制性想法或是還有什麼奧秘之處？

有先見之明的人，會想要「覺醒，認識生命」，這跟宗教無關。生命有命運之說，「命運」就是每個人的深層意識運作的模式；破解命運密碼是——「覺醒，認識自己的生命」，絕對不是要去認識他人的豐功偉業。接下來——「改變，接納自己的生命模式」，如果一無所知，又如何改變呢？認知之後便是要有接納的智慧，然後才可能改變啊！相信命運之說的人，必然是相信有種「不知的力量」在影響自己的生命，絕對不是有誰在左右誰的生命？這個不知的力量，包含自己內在的力量——

—無明的力量——百分之九十五深層意識裡面的林林總總。

　　所以，「心想事成」是科學的發展趨勢；如果是「表裡合一」——表意識與深層意識是一致、吻合的想法，並沒有衝突矛盾的能量，所以必然成功，至於什麼時候達成，就全然接受。如果是「表裡不合」，通常人們是覺察不到深層意識裡真正的障礙是什麼？百分之五終究是微不足道，發揮不出來作用啊！從「結果」是失敗的來看，可以來印證確實是有障礙啊！障礙物就在自己內心，如果能夠解除這些障礙，不就是可以「心想事成」。若是能夠深入了解自己百分之九十五的部分，並且能夠改變這些，這個探索之旅就是「自我淨化」——淨化掉無明的力量。

　　反之，如果已經是「心想事成」的人，是否代表是自我淨化是比較多的人？答案是：不能以世間人所認知的「功成名就」來認定，因為那些還是從百分之五的表意識作為判斷的依據，因為世間人所

認知的成功——是以「財富、地位、權力、名聲、甚至是學歷、好人好事代表……等等」來做衡量標準，這些都是百分之五的認知啊！而每個人渴望要經驗的事件不同，所以，不能用這些被創造出來的項目來決定自我淨化的多少。每個人都可以依自己的想法去創造，這是「主觀的價值」，無法依主觀的價值觀來認定各人淨化多少。但是心想事不成的人，而且是念茲在茲的人，勢必是要去探索自己的深層意識到底怎麼了？

　　「心想事成」是主觀的經驗，不能夠論斷優劣、比較好壞啊！只有想不想要「心想事成」而已。如果「想要」心想事成，這是可以透過「自我淨化」而培養出來的能力。

第九章

當責十年大師已成

確定要成為「我是大師」

　　大師不在喜馬拉雅山，明確的說追逐外在的大師，何不開發自己內在的大師呢？每個人都是「唯我獨尊」——獨一無二的尊貴啊！認不出來自己是大師，怎麼可能認得外面的大師是眞是假呢？你不知道眞正的大師到底「是」怎樣，如何能認定他就「是」呢？從他的名聲響亮？追隨者眾多？享譽國際？從這些眞的能印證他就是了嗎？有各式各樣成就非凡的人，在他專精的領域裡獨領風騷，大家尊重他表現特出、超越群倫而稱爲某某大師，這種大師他們所專精的領域，如果你本身不懂他的專業領域，你如何從心去印證他就是在那個領域的佼佼者？這不是要挑戰大家的判斷或是挑釁，很簡單，如果你從來沒有吃過飯是什麼味道，你如何認定這

個廚藝大師所煮的飯很好吃呢？大家都說好吃，不一定符合你的胃口，評鑑結果分數很高，也許你並不買單呢！

大師在自心裡，光是要相信——「我是大師」這個想法，就對你的信念撞擊很大，但是對外面的大師卻是深信不疑，我可以直接說重點——盲目地信以為真。這個世界有個荒謬的現象——相信救世主的存在，不相信自己的力量。我沒有否認有真大師的存在，一定很多，但是多數是名不見經傳，不知道他們在哪裡？他們的專長是什麼？他們專精於自己所擅長的項目，浸泡其中做事——無名有實，默默無聞。大師必有其使命——全力以赴完成其理想目標，其它的事雲淡風輕。

「我是大師」只是一個名相，一定要實際修練才能成為大師，在修練之前要先有明確的方向——專注於一件事上磨練自己，從裡（心智）到外（事相），無所不磨。「天將降大任於斯人也，必先苦其心志，勞其筋骨，餓其體膚，空乏其身，行拂亂

其所爲，所以動心忍性，增益其所不能。」這是孟子——勵志的經典之作。磨練自己：在心智上——當內心痛苦，思緒混亂，如何振奮，有所作爲？在行動上——身體勞累奔波，處處碰壁受困，做事不順利，如何能安忍下來？身心受挫處於困境，最能激發人的鬥志，越挫越勇，能力越來越強。磨損掉的是——驕傲與懶惰，這兩個最主要的習性。

有人不堪一磨，半推半就成不了氣候成爲半調子假大師，放棄練就成爲裡外相合、表裡如一、名符其實的眞正大師。「時間」是成就一切的重要因素，証明黑白眞假的殺手，過去-現在-未來——所謂的「時間」並沒有過去，所做的點點滴滴一定會保存起來，一點也不會遺漏什麼，這就是「有志者事竟成」的眞正意義。「時間」對每個人而言，是公平的存在——它可以回應每個人的所作所爲，眞的假不了，假的眞不了。眞僞大師並不難辨，除了「時間」可以驗證——不攻自破，還有「眞理自在人心」——會被掀底原形畢露。

第二節

準備好一切「大師資糧」

　　所謂的準備是指心態上的——接受考驗。懦弱無能表示意志力薄弱，經不起千錘百煉，這是大家知道的心理狀態——無能承擔。因為這樣才需要「苦其心志...增益其所不能」，這就是「訓練」——從無到有，從無能為力訓練到有能有力。「時間」就是最好最大的資糧，既然「時間」對於每個人而言都是公平的，所以無論所花的時間多寡必然會成功，這是必然不是偶然。你所做的所付出的努力，不會跑到別人那裡去；你沒有做的沒有努力付出的，別人的功勞也不會跑來你這裡，誰也搶不到你的，你也搶不了別人的。想要「不勞而獲」那是妄想，想要「攀附他人」那是貪得，這都是欲速則不達，而且會與正道背道而不馳，得不償失啊！

第三節

敞開心迎接「大師訓練」

　　沒有訓練不成的道理，只有「有心或是無心」的問題，「有心無力，有力無心」這是不可能的事，這兩個都是「無心」。我想要啊！但是沒有辦法，我已經使盡全力還是沒有用啊！關鍵在於心態要調整——敞開心歸零心態，敞開心不恥下問，敞開心行動，敞開心照著做，敞開心——做中學、學中做，這不是下個指令告訴自己「敞開心」，「打開心」這樣子。「封閉跟敞開」是兩個對立面，先來談封閉，可以幫助你了解什麼是敞開？每當你想要做什麼呢，封閉心態會出現——有用嗎？對不對？再看看情況，再說吧！你會「就此打住」，算了。換成別人對你說了什麼建議了什麼，你心裡的OS 很多會出現，你沒有針對不明白的問號或懷疑

提出來尋找解答，反而將所有的問號、懷疑擱著，或是敷衍了事隨口說說笑笑，或是一語帶過去講其他的事，或是講了一堆理由，解釋很多，這就是封閉心態。更不用說冷寞以對，不回應不說話，或是不屑回應勉強應付，這些都是封閉心態。封閉——拒絕與世界，外界的人互動交流交談。封閉的相反就是敞開心。

　　大師訓練之道——敞開心來對待自己與他人，卸掉想要維持自己某個形象或是自己不懂、不會、不知道的面具，試圖掩飾自己的無能只會更無能無知。試圖掩飾自己的強勢、主張只會更虛偽不實，這些「試圖」不讓別人知道真實的你，這個作用力就是在「覆蓋」自己，久而久之變成越無知無能與虛偽，離自己的真實力量也越來越遠。依照這個方向走下去，越來越辛苦，因為背離自己的真心越來越遠。訓練的目的就是要剝落這些虛假不實的認知，與放掉層層包覆的習性，一步步走向自己，與自己同在，才能從內開發真實的天賦才能，成為名

符其實的大師。

第四節

當責十年大師已在我心

　　這是最基本的訓練——十年大師養成訓練。每個人的「過去」的資質不同，這一生也許是高學歷高材生，並不表示是悟性敏捷，很有可能駑鈍；依靠知識可以取得資優生，聰明才智過人，但是知識不等於智慧，想要更上一層樓，沒有智慧是難以突破自己的盲點。任何人在任何位置上，都有可能江郎才盡。而當責訓練是開發內在的智慧，源頭在自己身上，要打開這個開關，絕對不同於學校的學識養成訓練課程。知識的累積，只要不斷的接受，就會累積一定的量與質，危險的是「知識大爆炸、頭腦複雜化」，有一天，頭腦這個接受器也會跟著當機。目前的社會已經呈現太多太多的文明病，很多老化的人頭腦當機不管用了。打開內在的開關？什

麼開關？隱藏於內的智慧源頭，如何打開？有別於學校教育的訓練，好比開採自己內在的寶藏，這是不可思議的生命工程，任何人想要開採什麼礦產資源都可以做到，煤礦、金礦、鑽石，任何寶石都可以。換言之就是，你想要成爲何方神聖呢？你想要發掘自己那一項天賦異稟呢？你——定位清楚了，工具準備好了，教練在旁指導，十年當責，何患無成呢？

第十章

當責十年英文有成

1.就業英文訓練

2.考試英文訓練

3.升官英文訓練

4.專業英文訓練

5.心靈英文訓練

　　這裡不是補教名師，而是「當責心靈英文」訓練，是世上獨一無二、絕無僅有的——「必勝養成班」——任何想要在學校考試、職場就業、升級考試，提升英文程度、提昇英文教學，任何場合任何需要的英文，都可以針對個別的狀況而量身打造。「找出心理障礙，解除心理壓力，給予適當的教法，協助個人突破盲點，順利達成目標。」這就是當責心靈英文——「必定成功」的原因。

　　任何的訓練，包括一技之長或是提昇領導力，都是要從個人的「想法」找到問題的癥結點——也就是想法打結的地方，針對此關鍵所在，深入淺出剖析其中打結的現象，人們怎麼可能有此專業可以

對自己的心理運作方式瞭如指掌？經過專業的教練可以輕而易舉找到答案，當事人不可能理解發生了什麼事，對於其中的道理又是很「異類的說法」也不明白想不清楚，甚至腦袋打結——怎麼可能？沒有啊？我不是這樣想的？我不會啊！可是呢？為了自己訓練的目的，敞開心而採取行動，無論過程順暢與否，經過時間的因素，結果一定成功。在過程中的所有「方便善巧」的方法就是在轉動癥結點的工具，運用之妙在於「有智慧的方法」，不在於懂不懂得這個方法，或是分析這個方法如何。好比，你只要會開車，學會開車的技術即可操作車子，你不用知道這部車的結構，或是研究車子要怎樣組合。方法就是要達到目標的工具，目標達成了，放掉使用過的方法，這個就是當責訓練的重點，當責訓練人人有成，無論想要成就發展英文能力，成為領導者的角色，公司發展規劃，釐清工作方向，找到合適的工作、情人、房子，買賣房屋，賺錢實踐理想，退休規劃，養生保健，家庭關係不和——親

子關係、夫妻關係、三角關係、家族財務糾紛。想婚結不了，想離離不了。厭世、憂鬱情結——活不好死不了。生命之中，任何解不開的結，都可以從當責訓練中，走出自己的道路，過自己想要的生活。「沒有解決不了的事，只有不想解決事的人。」

結語

一切有為法
如夢幻泡影
如露亦如電
應作如是觀

感謝再感謝，祝福再祝福。
願大家當責，皆心想事成。

國家圖書館出版品預行編目資料

成為自己的老闆　從心思惟新人類／張淑珺著.
--初版.—新北市：新心人類未來學教育訓練有
限公司，2021.10
面；　公分.
ISBN 978-986-06107-0-3（平裝）
1.自我實現 2.生活指導 3.成功法
177.2　　　　　　　　　　110012306

成為自己的老闆
從心思惟新人類

作　　者　張淑珺
發 行 人　張淑珺
出　　版　新心人類未來學教育訓練有限公司
　　　　　新北市新店區中央五街30號2樓
　　　　　電話：（02）2218-3399
封面及插圖設計　盧智敏、盧諭橋
設計編印　白象文化事業有限公司
　　　　　專案主編：林孟侃　　經紀人：徐錦淳
經銷代理　白象文化事業有限公司
　　　　　412台中市大里區科技路1號8樓之2（台中軟體園區）
　　　　　出版專線：（04）2496-5995　　傳真：（04）2496-9901
　　　　　401台中市東區和平街228巷44號（經銷部）
　　　　　購書專線：（04）2220-8589　　傳真：（04）2220-8505
印　　刷　基盛印刷工場
初版一刷　2021 年 10 月
定　　價　380 元